Buddhas Anleitung
zum Glücklichsein

DAS ÜBUNGSBUCH

INHALT

INHALT

Ein Wort zuvor

Zu meiner großen Freude hat »Buddhas Anleitung zum Glücklichsein« zahlreiche Leser und Leserinnen gefunden. Viele schrieben mir: »Es war ein Vergnügen, Ihr Buch zu lesen und Ihre Meditationen umzusetzen. Es hat mir gutgetan, doch wie kann ich nun weiterüben? Was kann ich daheim für mich allein tun, um freier von den fünf Hindernissen zu werden?«

Für alle, die mit dieser Fragestellung »Buddhas Anleitung« zugeklappt haben, ist dieses Übungsbuch geschrieben. Es soll Sie im Verlauf von fünf bis zehn Wochen zu kontinuierlichen Selbst-Erforschungs-Übungen anregen. Dabei entdecken Sie, mit welcher inneren Haltung Sie neue Ziele angehen und wo Sie sich selbst im Weg stehen. Sie üben, sich regelmäßig durch Meditation zu entspannen, und wecken Ihre Achtsamkeit für Gefühle und Körperempfindungen. Ihnen wird deutlich, wie wichtig es ist, klare Ziele mit guten Gefühlen zu verbinden, damit Sie sich bei Ihren Vorhaben nicht selbst behindern.

Seien Sie mit mir gespannt, welche positiven Veränderungen im Leben möglich sind, wenn Sie lernen, Ihre Aufmerksamkeit sehr viel deutlicher auszurichten und zu vertiefen. Ich wünsche Ihnen, dass Sie zum Wohle aller mit Freude und Humor Ihre ganz individuelle Version dieser Übungen entdecken und in die Tat umsetzen.

Ihre Marie Mannschatz

Dank
Achtsamkeit
erfüllter

leben

Einführung
in Ihren
persönlichen
Lese-Workshop

In diesem Buch wird das zeitlose Wissen der buddhistischen Lehre mit Erkenntnissen der modernen Motivationspsychologie verschmolzen, damit wir die Zusammenhänge zwischen den Zielen, die wir uns setzen, und unserem tatsächlichen Verhalten erforschen können. Wir nehmen uns vielleicht vor, künftig regelmäßig zu meditieren. Wenige Tage später haben wir dieses Ziel aber schon aus den Augen verloren. Warum ist das so?

Unsere Wünsche, das eigene Verhalten zu ändern, haben oft zu wenig Durchsetzungskraft. Wir nehmen uns etwas fest vor, doch es dauert nicht lange, bis wir diese Absicht im Alltag boykottieren. Damit sich das nicht ständig wiederholt, gilt es besser zu verstehen, in welche Fallen wir hineintappen, wann wir uns drücken wollen oder uns etwas vormachen. Dazu brauchen wir die Fähigkeit zum bewussten Innehalten und genauen Hinschauen, die uns durch die buddhistische Achtsamkeitspraxis vermittelt wird. Dieses Buch führt Sie Schritt für Schritt zur Umsetzung Ihrer Vorhaben, indem Sie sich täglich in Achtsamkeit üben und sich mithilfe Ihres persönlichen Mantras (siehe Seite 25) immer wieder Ihre Motivation und Zielvorstellung ins Bewusstsein rufen.

Zum Ziel dieses Übungsprogramms

Das Übungsbuch ist so aufgebaut, dass Sie es fünf oder zehn Wochen lang als ein persönliches Lernprogramm nutzen können. Nicht jeder hat die Möglichkeit, zu Abendkursen zu gehen oder Wochenend-Workshops zu besuchen. Dieses Buch wurde für Leser und Leserinnen wie Sie entwickelt, die aus eigener Kraft im Verlauf eines mehrwöchigen Lernprogramms Veränderungen erreichen möchten. Ziel der Übungen ist es, die aus der buddhistischen Lehre bekannten fünf klassischen Hindernisse zu erforschen und schrittweise aus dem Weg zu räumen. Durch die speziell entwickelten Übungen werden Sie deutlich erkennen, wo sich die fünf Hindernisse in Ihrem Alltag verstecken. Ich werde mich dabei immer wieder auf mein Buch »Buddhas Anleitung zum Glücklichsein« beziehen, in dem ich die Hindernisse ausführlich als Herausforderungen beschrieben habe. Daher setze ich voraus, dass Sie »Buddhas Anleitung« gelesen haben und mit den fünf Hindernissen grundsätzlich vertraut sind. Bevor ich Ihnen die Struktur und den zeitlichen Rahmen dieses »Lese-Workshops« genauer vorstelle, möchte ich mit Ihnen zusammen überlegen: Wozu ist es sinnvoll, die buddhistischen Übungen fortlaufend zu vertiefen, und was möchten Sie für sich verändern?

Achtsam das Leben bejahen

Jeder von uns hat mit Herausforderungen zu kämpfen. Das Leben verläuft leider nicht immer so reibungslos, wie wir es gern hätten. In manchen Lebensphasen quälen uns Probleme im mitmenschlichen Bereich, wir stecken in Auseinandersetzungen am Arbeitsplatz oder in der Familie. Dann wieder plagt uns der Körper mit Krankheiten und Schmerzen. Zuweilen kann es auch recht deprimierend sein, mit sich selbst auskommen zu müssen, weil wir Verhaltensweisen an uns feststellen, die uns gar nicht angenehm sind.

Suchen wir nicht alle nach Möglichkeiten, klüger und wirksamer mit den Unvollkommenheiten unseres Daseins umzugehen? Zunächst scheint die einfachste Lösung darin zu bestehen, andere Menschen oder das Schicksal für unser Leiden verantwortlich zu machen. Doch wenn wir uns darauf einlassen, unsere Probleme von unterschiedlichen Seiten zu betrachten, dann erkennen wir ziemlich schnell, dass es uns nicht weiterbringt, anderen die Schuld in die Schuhe zu schieben. Alles, was unserem inneren Frieden und dem Einverstandensein im Zusammenleben mit anderen im Wege steht, ist eine Aufforderung, genauer hinzuschauen. Wenn wir mit dieser inneren Einstellung an unsere Schwierigkeiten herangehen, geben wir die Opferrolle auf, denn wir nehmen Probleme als Aufgabe an, als eine Chance, neue Herzenskräfte zu entwickeln: »Andere haben es auch geschafft – warum sollte es mir nicht gelingen, mich von meinen inneren Konflikten zu befreien?« Indem wir uns bereitwillig mit unserem eigenen Verwickeltsein konfrontieren, spüren wir auch zunehmend Verbundenheit mit Menschen, die ähnliches Leid erfahren.

Täglich aufs Neue »Ja« sagen können

Mir scheint, unser innigster Wunsch ist es, zu unserem eigenen Leben Ja sagen zu können und mit einem tiefen inneren Einverständnis zu leben. Die buddhistische Lehre vermutet im Kern eines jeden Menschen einen Diamanten, der ausgegraben und geschliffen werden möchte. Unsere Aufgabe ist es, diesen Schatz in uns zu bergen, unseren guten Kern zu befreien und zum Leuchten zu bringen, denn dann sind wir glücklich und einverstanden mit uns selbst. Solange wir uns in einem Korsett von Zwängen und Erwartungen eingeschnürt fühlen, fehlt es uns an Atemraum und Durchsetzungskraft. Wir sehnen uns danach, all die vielen Anforderungen abzuwerfen, unter denen unser wertvoller Kern begraben liegt. Wir möchten möglichst frei beweglich sein, so wie wir auf die Welt gekommen sind, ein Geschöpf der Natur, mit einzigartigen Anlagen – eben durch und durch ein Schatz. Doch dafür müssen wir uns erst einmal von den Hindernissen befreien.

Ja zu sagen zum eigenen Leben und es mit Freude anzunehmen, ist Ausdruck einer Lebenskunst, die nicht jedem von vornherein in die Wiege gelegt wurde. Auch unsere westliche Erziehung, in der wir ständigen Vergleichen und Wettbewerben ausgesetzt sind, fördert nicht unbedingt Selbstakzeptanz und Lebensfreude. Deshalb suchen wir nach Möglichkeiten, mit eigenen Kräften durch »Self-Coaching«, also selbst gewählte Übungen und Training, die innere Entwicklung voranzubringen.

Die buddhistischen Lehren geben uns eine Fülle von konkreten Anleitungen, wie wir zu diesem inneren Ja zum Leben gelangen können. Sie gehen davon aus, dass jeder Mensch sein eigenes Päckchen an Konfliktstoff mit ins Leben bringt und dass diese Probleme gelöst werden können, indem wir unsere Achtsamkeit schulen und dadurch unser Bewusstsein entwickeln.

Das Ziel der buddhistischen Praxis ist, innere Freiheit von Konflikten und Leiden zu gewinnen.

Mehr Liebe und Akzeptanz gewinnen

In seinen vielen Lehrreden zeigt Buddha, wie wir durch immer mehr Achtsamkeit Licht in die Bereiche unseres Daseins bringen können, in denen wir uns eingeengt und gefangen fühlen. Ganz gleich, wie sich Ihre Lebenssituation gegenwärtig darstellt – wenn Sie mit einem inneren Ja das akzeptieren können, was jetzt gerade geschieht, dann leben Sie in diesem Augenblick ein erfülltes Leben.

Wir können kein konfliktfreies Dasein erwarten. Es wird immer Herausforderungen geben. Aber wenn wir die Probleme, mit denen wir uns herumschla-

> **Ganz gleich,**
> **wie beschwerlich das Gestern war,**
> **stets kannst du im Heute**
> **von Neuem beginnen.**
>
> [Jack Kornfield]

gen, annehmen können, wenn wir in innerer Übereinstimmung damit leben, dann gewinnen wir Frieden. Mit den Übungen in diesem Buch möchte ich Sie unterstützen, in vielen kleinen, alltäglichen Momenten mehr Liebe und Akzeptanz zu spüren und durch die Entfaltung Ihrer inneren Wahrnehmung Ihrer eigenen Natur näher zu kommen. Dies ist ein lebenslanger Weg, keiner, der Sie in wenigen Wochen ans Ziel führt. Aber Sie können üben, Ihre Schritte bewusster zu setzen, und sich dabei Etappen vornehmen, die Sie nicht überfordern. Freuen Sie sich auf die vor Ihnen liegende Übungszeit und all die neuen Einsichten, die Ihre wachsende Achtsamkeit mit sich bringen wird.

Fünf Herausforderungen erkennen

Was würde es für Sie bedeuten, freier zu leben? Vielleicht stellen Sie sich vor, dann weniger von Ängsten beherrscht zu werden, sich von den Erwartungen der Umwelt nicht so eingeschränkt zu fühlen, mehr Zeit für sich selbst zu haben, körperlich gesünder und beweglicher zu sein? Aus buddhistischer Sicht können Sie all Ihre Wünsche nach mehr Freiheit und Lebensfreude durch eine intensive Schulung der Achtsamkeit verwirklichen, denn achtsames Wahrnehmen ermöglicht Ihnen, bewusst aus Erfahrung zu lernen und so mittels einer gesunden Selbstregulierung Ihres Verhaltens das eigene Lebensschiff zu steuern. Achtsames Wahrnehmen wird jedoch über weite Strecken behindert und verdunkelt von fünf Hindernissen, die nach der Lehre des Buddha jeden menschlichen Geist beherrschen. Sie sind vergleichbar mit geistigen Schranken oder Hemmungen, die uns nicht erlauben, frei und unbeschwert durchs Leben zu gehen. Diese Hemmungen prägen unser Denken und Tun. Sie verzerren unsere Wahrnehmung und begrenzen unsere Kraft. Alle, die durch buddhistische Übungsformen zu innerer Erkenntnis kommen möchten, müssen sich mit den fünf Hindernissen beschäftigen und sie allmählich auflösen. Um aus eigenen Erfahrungen mithilfe der Achtsamkeit sinnvolle Konsequenzen zu ziehen, ist es notwendig, die Herausforderungen zu erkennen, zu benennen und einen heilsamen Umgang mit ihnen zu entwickeln.

In den folgenden Kapiteln fasse ich jede Herausforderung noch einmal kurz zusammen. Wenn Sie sich ausführlicher mit dem jeweiligen Thema beschäftigen möchten, empfehle ich Ihnen, parallel dazu noch einmal das entsprechende Kapitel und die Übungen in »Buddhas Anleitung« zu lesen.

In diesem Buch liegt der Schwerpunkt bei den Übungen und der Frage: »Was kann ich tun, um meine guten Vorsätze auch wirklich in die Tat umzusetzen, und wie kommt es, dass ich die Umsetzung verhindere?« Auf dem Weg zur Verwirklichung Ihrer Veränderungswünsche heißt es erst einmal, Vertrauen aufzubauen, verstehen zu lernen, dann die in den Hindernissen verborgenen Energien umzuleiten und schließlich eine tiefgründige Einsicht zu gewinnen, die Stück um Stück mehr Freiheit bewirkt.

So funktioniert der Lese-Workshop

Ich lade Sie nun zu einem Abenteuer der Selbsterforschung ein. Es gehört zu den Geschenken unseres Daseins, dass wir uns immer wieder neu entdecken und überraschen können mit Eigenschaften, von denen wir nichts ahnten. Bei dem jetzt folgenden Lese-Workshop lernen Sie Übungen und Aufgaben kennen, die Ihnen helfen sollen, sich den fünf Hindernissen zu stellen, an ihnen zu wachsen und sie schließlich aus dem Weg zu räumen. Erproben Sie meine Vorschläge und erlauben Sie sich, in jedem Abschnitt, zu jeder Zeit meine Empfehlungen Ihren eigenen Bedürfnissen anzupassen und abzuwandeln.

Vertraute und neue Methoden

Sie finden in diesem Workshop einen ganzen Werkzeugkasten von Methoden aus meinen letzten Büchern, die nun vertieft werden:

◆ Tägliches Meditieren mithilfe der meditativen Achtsamkeitsübung.

◆ Regelmäßiges Innehalten und Kontemplieren.

◆ »Haltungsziele« definieren: Wir konzentrieren uns nicht auf ein äußeres Ziel, sondern auf eine innere Haltung zu einem Geschehen. Die Motivation, diese innere Haltung einzunehmen, wird mit einem Mantra aktiviert, das jeder für sich selbst in einer poetischen, bildhaften Sprache formuliert.

◆ Somatische Signale wahrnehmen: Es gibt positive und negative somatische Signale. Verspüren wir im Zusammenhang mit unserem Vorsatz ein gutes, energetisierendes Körpergefühl? Oder eher ein Grummeln im Bauch, eine Anspannung im Kiefer? Was regt sich im Herzen bei unserem Tun? Das unbewusst arbeitende emotionale Erfahrungsgedächtnis gibt uns laufend über Körpersignale ein Feedback.

◆ Angenehme Körperempfindungen erspüren: Unsere inneren Kraftquellen werden aktiviert, wenn wir Erfahrungen hervorheben, die stärkend wirken und Freude machen.

◆ Erinnerungshilfen einbauen: Dies hilft in Momenten, in denen wir uns selbst in den Rücken fallen, nicht beim gefassten Vorsatz bleiben, in denen Gefahr für die innere Haltung besteht, die kultiviert werden möchte.

◆ Spezielles Kontemplieren: Zur Wochenmitte und zum Wochenende reflektieren Sie, um die bisherigen Erfahrungen auszuwerten und die Aufgaben für die kommende Woche zu entwickeln.

Die beste Zeit, um zu beginnen

Entscheiden Sie sich für den Einstieg in dieses Übungsprogramm, wenn Sie spüren, dass Sie sich Neuem öffnen möchten, und Sie dafür regelmäßig Zeit zur Verfügung stellen können. Gut wäre eine Phase in Ihrem Leben, in der es Ihnen möglich ist, tatsächlich innezuhalten und bei der Sache zu bleiben. Wenn Sie eh schon sehr nervös und überlastet sind und gar nicht wissen, was Sie zuerst tun sollen, wenn Sie sich bereits in einem Teufelskreis der Selbstausbeutung befinden, wird auch dieses Buch nur zu einer weiteren Anforderung. Damit tun Sie sich keinen Gefallen. Mir haben allerdings viele Teilnehmer meiner Seminare berichtet, dass dieses Übungsprogramm für sie in einer schweren Lebenszeit eine große Hilfe war, denn die Übungen haben dem Tagesablauf Struktur gegeben, und das Mantra wirkte sehr unterstützend. Finden Sie selbst heraus, wann Sie sich so intensiv mit sich selbst beschäftigen möchten.

Sie könnten zum Beispiel im Urlaub mit dem Workshop beginnen, um die Übungen dann im Alltag fortzusetzen. Oder Sie füllen damit die Leere nach einer Trennung oder nützen eine längere Krankheitsphase sinnvoll aus. Vielleicht passt es auch vor oder nach einem Umzug, wenn Sie sich bewusst auf Veränderung in Ihrem Leben einstellen. Jeder Moment des wachen Mit-sich-selbst-Seins trägt Früchte im Leben. Allein Ihre Neugier für die Selbsterkundung und die tatsächlich damit verbrachte Zeit entscheiden über ein Gelingen.

Termine im Kalender eintragen

Ich möchte Sie ermutigen, feste Termine mit sich selbst einzuplanen und sich dadurch ein persönliches Kraftfeld aufzubauen, das die Grundlage für Ihre Gesundheit und Lebensfreude bildet. Wenn Sie sich immer wieder zu den gleichen Zeiten zum Meditieren und Kontemplieren hinsetzen, wird daraus schnell ein Ritual. Stärken Sie das Ritual, indem Sie es wertschätzen und einhalten. Der rituelle Ablauf des Übungsprogramms wird Sie darin unterstützen, regelmäßig bei der Sache zu bleiben. Entwickeln Sie also verlockende Gewohnheiten im

Umgang mit diesem Buch. Suchen Sie zum Lesen und Meditieren einen Ort auf, an dem Sie sich gut aufgehoben fühlen. Stellen Sie ein Getränk bereit, hören Sie Musik, zünden Sie eine Kerze an – tun Sie einfach das, was Ihnen das Gefühl gibt: Ja, mehr davon!

So gehen Sie vor

Das Übungsprogramm ist so konzipiert, dass Sie es mit einer halben Stunde täglich (darin ist schon die Meditation enthalten), einer Stunde in der Wochenmitte und ein bis zwei Stunden am Wochenende absolvieren können. Am Wochenende lesen Sie sich in die Thematik ein. Sie ergänzen von Woche zu Woche die meditative Achtsamkeitsübung und erkunden beim stillen Sitzen auch das jeweilige Hindernis. Diese Meditation üben Sie täglich, die ganze Woche über. Dann entwickeln Sie am selben Wochenende mithilfe der Kontemplation ein Mantra, das als Motto für die vor Ihnen liegende Woche gilt. Wenn Sie Zeit haben und mit dem jeweiligen Hindernis intensiver arbeiten möchten, können Sie am Wochenende noch eine der angebotenen Übungen machen oder diese auf Montag und Dienstag verteilen.

In der Wochenmitte gibt es stets ein Übungsblatt zum Ausfüllen, das Ihnen helfen möchte, den roten Faden nicht zu verlieren. Ich werde Sie also fragen, ob Sie wirklich Ihr Wochen-Mantra nutzen, und Sie kontemplieren darüber, wie es Ihnen in den letzten Tagen mit den Übungen und dem jeweiligen Hindernis ergangen ist. Sie können in den nächsten Tagen auch noch eine der beiden Übungen für die Wochenmitte machen, die noch einmal die Thematik aufgreift. Und wenn Zeit bleibt, können Sie außerdem die empfohlenen Übungen aus »Buddhas Anleitung« ausführen.

Zum Ende der Übungswoche

Wenn Sie eine Woche geübt haben, halten Sie mithilfe des kontemplativen Rückblicks zum Wochenende wieder ausführlich Rückschau. Wieder füllen

Sie ein Übungsblatt aus und fragen sich, welche Auswirkungen Sie beobachten konnten und ob es schon kleine Veränderungen gibt, die Sie in Ihre kommende Woche mit einbauen möchten. Vielleicht haben Sie erkannt, dass es Ihnen hilft, morgens feste Zeiten zum Meditieren einzuhalten, dass Sie aber abends Freiraum brauchen und sich lieber spontan entscheiden, wann Sie Ihre Rückschau auf den Tag halten. Oder Sie haben bemerkt, dass Sie sich in der vergangenen Woche doch zu stark gefordert haben, und überlegen sich, wie Sie in der kommenden Woche mehr wohlwollendes Gewähren, mehr Vergnügen einbringen können. Sie üben ja die Kunst der Selbstregulierung, daher ist Feinjustierung eine ganz regelmäßige Aufgabe für Sie. Am Wochenende lesen Sie auch die Einstimmung für das Thema der nächsten Woche. Sie machen wieder Ihre (nun erweiterte) meditative Achtsamkeitsübung und entwickeln ein neues Mantra. Da dies recht viele Aufgaben nacheinander sind, schlage ich vor, den Übungsabschnitt am Wochenende zu unterteilen und sich an einem Tag Zeit zur Auswertung zu nehmen und am nächsten Tag Zeit zur Einstimmung auf die neue Woche mitsamt der neuen Achtsamkeitsübung. Sie können natürlich auch wieder eine der angebotenen Übungen zusätzlich machen.

Fünf Wochen oder zehn Wochen?

Manche Menschen brauchen viel Abwechslung, um bei der Sache zu bleiben. Andere wiederum wollen in aller Ruhe ein Thema aus verschiedenen Blickwinkeln beleuchten und vertiefen, bevor sie sich einem neuen zuwenden. Ich gebe Ihnen am Wochenende und in der Wochenmitte jeweils A- und B-Übungen zur Auswahl. Finden Sie heraus, ob Sie das Übungsprogramm einmal fünf Wochen nacheinander mit den Übungen der Serie A durchgehen und dann noch einmal von vorne beginnen und nun das gesamte Übungsprogramm (einschließlich Mantrafindung und Kontemplationen) mit den Übungen der Serie B machen möchten oder ob Sie lieber gleich das Wochenprogramm über zwei Wochen ausdehnen. In diesem Fall machen Sie in der ersten Woche die A- und in der zweiten Woche die B-Übungen und gehen dann nach zwei Wochen erst zum nächsten Kapitel über. Ihr Mantra aus der ersten Woche könnten Sie dabei wieder übernehmen oder es verändern – ganz wie es für Sie passt. Nehmen Sie sich also nicht gleich in der ersten Woche alle Übungen auf einmal vor. Lassen Sie sich Zeit, damit die Themen in Ihrem Geist reifen können. Es bleibt Ihnen überlassen, sich ein individuell für Sie passendes Programm zusammenzustellen, das Sie interessant und anregend finden.

Was Sie alles brauchen

Ich betrachte dieses Übungsbuch als einen Gebrauchsgegenstand, den Sie in den kommenden Wochen mit sich herumtragen. Kneten Sie es und stoßen Sie es ab. Allein dadurch, dass Sie das Buch liegen sehen oder in Ihre Tasche stecken, werden Sie erinnert, aufmerksamer zu sein und sich zu fragen: »Was spüre ich denn jetzt gerade in meinem Körper, welche Gedanken gehen mir in diesem Moment durch den Kopf?«

Eignen Sie sich dieses Buch an, indem Sie wesentliche Aussagen unterstreichen und freche Bemerkungen an den Rand schreiben – Sprüche Ihrer Kinder, die Ihnen gefallen, oder schlaue Zitate von »Herrn Wunderbar«. Nach zehn Wochen sieht das Buch dann vielleicht wie ein zerrupftes Reisetagebuch aus, das Ihnen auch Jahre später von Erfahrungen aus einer wichtigen Zeit in Ihrem Leben berichtet.

Außerdem empfehle ich Ihnen, sich ein nicht zu kleines, hübsches Tagebuch zu kaufen, in dem Sie all die Gedanken notieren, die während der Beschäftigung mit diesem Buch auftauchen. Sie werden das Tagebuch auch regelmäßig für bestimmte Übungen brauchen. Besorgen Sie sich dazu Stifte, die Sie besonders gern in die Hand nehmen. Gestalten Sie also das Umfeld für Ihre Übungen verlockend, damit Sie sich darauf freuen können!

ZWEIWÖCHIGER ÜBUNGSABLAUF: ÜBERBLICK

Erste Woche
Wochenende:

◆ (Tägliche) meditative Achtsamkeitsübung
◆ Mantra formulieren
◆ Übungen der Serie A

Wochenmitte:

◆ Kontemplativer Rückblick zur Wochenmitte
◆ Übungen A

Zweite Woche
Wochenende:

◆ Kontemplativer Rückblick zum Wochenende
◆ Danach beim 5-Wochen-Durchlauf: Beginn eines neuen Kapitels
   mit meditativer Achtsamkeitsübung und Mantraformulierung und
   Übungen der Serie A
   oder beim 10-Wochen-Durchlauf:
◆ Wiederholung der Achtsamkeitsübung, Fortführung oder Neuformu-
   lierung des Mantras und Übungen der Serie B

Wochenmitte:

◆ Kontemplativer Rückblick zur Wochenmitte
◆ Je nach zeitlichem Durchlauf: Übungen A oder B

Für die regelmäßigen Kontemplationen ist ein Kurzzeitwecker hilfreich. Auch ein fester Platz zum Meditieren stärkt Ihre Gewohnheit, sich täglich zu einer bestimmten Zeit hinzusetzen. Auf was Sie dabei sitzen, ist gleich. Entscheidend ist nur, dass Sie sich beim Sitzen entspannen können und wohlfühlen.

Innehalten – trotz Widerstand

Dieses Übungsbuch arbeitet so wenig wie möglich mit Kontrolle und Anforderungen. Es geht nicht darum, noch disziplinierter, noch leistungsfähiger zu werden. Stattdessen erhalten Sie Anregungen, wie Sie Ihr Verhalten bewusst und liebevoll regulieren können, um die Balance zwischen dem Wunsch nach Verhaltensänderung und der tatsächlichen Umsetzung zu finden. Ein wichtiges Mittel ist die Selbstreflexion, die Sie durch die Kontemplation in der Wochenmitte und am Wochenende üben. Dabei erkennen Sie, wie Sie auf der Basis von wohligem Körpergefühl und einem inneren Ja Strategien zur Verhaltensänderung entwickeln können. Im täglichen Einerlei werden Ihnen Erinnerungshilfen und persönliche Mantras helfen, sich ein Achtsamkeits-Feld zu erschaffen, sodass Sie ungünstige Verhaltensmuster durchschauen können und allmählich Veränderung möglich wird. Die Erkenntnisse, die Sie durch die Übungen in diesem Buch gewinnen können, erwachsen aus einer zunehmenden Kraft zum wachen Innehalten. Die Übungen und Anleitungen möchten Sie zu Ruhe und Muße führen, zu innerer Sammlung und einem dankbaren, ja manchmal staunenden Mit-sich-selbst-sein-Dürfen, das bewirkt, dass Sie auch wieder mehr Gehör und Kraft für andere Menschen haben und das Zusammenleben besser gelingen kann.

Den Widerstand ausloten

Sie lernen das Loslassen im Geist, indem Sie den Mut aufbringen, die inneren Bereiche zu betrachten, bei denen Sie widerspenstig sind. Ganz oft haben wir innere Widerstände, mit wesentlichen Themen zu verweilen. Wenn uns nicht sofort eine Lösung einfällt, wollen wir nichts mehr davon hören. Doch genau an dieser Stelle sind Geduld und Durchhaltevermögen gefragt. Ich möchte Sie mit diesem Buch darin unterstützen, Ihre Widerstände zu ergründen und zu überwinden. Sie werden die unterschiedlichsten Formen von Dagegensein beim Üben entdecken. Mal ist es der Trotz, der Sie plagt und denken lässt: »So weit kommt es noch ...« oder »Das wäre ja noch schöner!« Dann ist es das Aufschieben und Vergessen: Sie nehmen den Termin nicht ernst, den Sie sich in den Kalender gesetzt haben, und schieben ihn vor sich her, bis es schließlich später Sonntagabend ist. Nun haben Sie sich noch nicht einmal in das Thema eingelesen und sind inzwischen auch viel zu müde dazu.

Unterscheiden Sie innere Widerstände

Es gibt auch einen inneren Widerstand, der sagt: »Du hast wahrlich schon genug zu tun. Erspare dir doch diese Extra-Anforderungen in Form von täglicher Meditation und schriftlichen Notizen.« Dieser Widerstand kann ein sinnvoller Schutz vor Überforderung sein. Lehnen Sie ihn deshalb nicht generell ab, sondern schauen Sie genauer hin, um ein Verständnis für Ihren Gefühlshaushalt zu bekommen. Vermutlich werden Sie manche Themen

» Urteile nicht zu hart
über dich selbst.
Ohne Erbarmen mit uns sind wir außerstande,
die Welt zu lieben. «

[Buddha]

herunterspielen (»Trägheit kommt in meinem Leben gar nicht vor.«) und anderes dafür übertreiben (»Ich bin die verkörperte Unruhe.«). All das sind Ausdrucksformen Ihres Widerstands. Er wird Ihnen mit der Zeit zu einem guten Bekannten werden. Die beste Herangehensweise ist es, ihn ebenso fürsorglich wie bestimmt an die Hand zu nehmen. Betrachten Sie ihn wie ein schwieriges Kind, das vor allem geliebt werden möchte. Trotz aller Zuwendung erlauben Sie diesem Kind aber nicht, Sie zu terrorisieren. Sie behalten die Führung, denn Sie möchten Ihre wichtigen Lebensfragen formulieren. Um der Erfüllung Ihrer Lebenswünsche durch vertiefte Selbstwahrnehmung ein gutes Stück näher zu kommen, kommen Sie nicht darum herum, Ihre Schattenseiten zu durchleuchten. Sie werden erstaunt sein, wie heilsam eine kontinuierliche Selbstbeobachtung wirkt. Ich würde mich freuen, wenn Sie – angeregt durch die folgenden Übungen – im Laufe der Zeit erleben, wie Ihnen wirklich mehr Freiraum zuwächst. Ihre größere Sicherheit im Umgang mit sich selbst wird sich auch positiv auf Ihr Umfeld auswirken und Ihre Gesundheit verbessern.

Leistungsdruck vermeiden

Noch einmal: Setzen Sie sich mit den Übungen in diesem Buch nicht unter Leistungsdruck. Die oberste Regel lautet: Hören Sie auf Ihre innere Stimme. Es gibt hier kein Richtig und kein Falsch. Sie machen Erfahrungen und lernen daraus, wenn Sie achtsam bei der Sache sind. Sie tun sich selbst einen Gefallen, wenn Sie sich nur so viel vornehmen, wie Sie auch umsetzen können, denn dann können Sie nicht so leicht von Ihren eigenen überhöhten Erwartungen frustriert werden. Spielen Sie auch mal mit den Aufgaben. Wo steckt der Witz in der Sache? Es freut mich immer, wenn mir jemand berichtet, wie eine spontan abgewandelte Übung bestens gewirkt hat. Finden Sie kreative Lösungen und beginnen Sie erst dann, wenn Sie auch wirklich Interesse und eine Chance haben, auf tiefere Ebenen in sich selbst vorzudringen.

Zu zweit geht es noch besser

Die Übungen, die ich zu den einzelnen Herausforderungen entwickelt habe, konnte ich vorher schon mit interessierten Schülerinnen aus meinen Seminaren testen. In den Auswertungen wurde deutlich, dass die größte Herausforderung im »Dranbleiben« bestand. Allzu leicht geriet das Mantra wieder in Vergessenheit, kaum dass es aufgeschrieben war. Viele von uns haben die Tendenz zum Aufschieben, innere Widerstände verhindern kontinuierliches Üben. Wie können wir es also schaffen, etwas umzusetzen, das wir uns vorgenommen haben?

Eine Teilnehmerin berichtete: »Es hat mich motiviert, meine Übungen in der Wochenmitte wirklich zu machen, weil ich wusste, dass mich meine Freundin am Wochenende fragen wird, wie es mir ergangen ist.« Wenn Sie einen Freund oder eine Freundin haben, der/die mit Ihnen zusammen diesen Lese-Workshop durchführen möchte, dann ergreifen Sie unbedingt die Gelegenheit! Zu wissen, dass man miteinander über die gesammelten Erfahrungen sprechen wird, bringt noch einmal eine ganz andere Aufmerksamkeit ins Spiel.

Planung und Wirklichkeit

Es gibt vielerlei Klippen im Alltag, die zu umschiffen sind. Wir können die tollsten Pläne machen, Terminabsprachen mit Freundinnen treffen, im Kalender Zeiträume für das Meditieren reservieren – und dennoch kommt es zu Unterbrechungen. Vielleicht ist die Motivation zu schwach, oder die Ansprüche sind zu hoch. Sie möchten gerne regelmäßig meditieren, finden aber nicht die Muße dafür. Sie würden gerne Ihre eigenen Gewohnheitsmuster durchschauen, erkennen aber keine Ansatzpunkte zur Veränderung. Das Buch bleibt in der Ecke liegen, zur Wochenmitte schaffen Sie es einfach nicht, sich in Ruhe hinzusetzen. Wenn Sie sich dann auch noch über sich ärgern, baut sich Groll auf. »Warum hast du dein Vorhaben wieder schleifen lassen? Du weißt doch, dass das Aufschieben eine Schwachstelle von dir ist ...!« Seien Sie in solchen

Fällen nicht böse auf sich. Sie machen die »Fehler« ja nicht mit Absicht. Eine einfache Möglichkeit, den roten Faden nicht ganz zu verlieren, besteht darin, zumindest das Mantra und das gute Gefühl, das damit verbunden ist, nicht aus Ihrem Leben zu streichen. Auch wenn gar nichts mehr geht, können Sie doch noch Ihr Mantra beibehalten.

Vermeidung verständnisvoll begegnen

Wer Angst hat zu versagen und emotionalen Stress empfindet, gibt schnell auf. Es gilt herauszufinden, welche innere Haltung wir zu der selbst gestellten Aufgabe einnehmen. Die Kunst besteht darin, eingefahrene Routinen zu verändern und sein Verhalten neu zu regulieren. Wenn Sie also daran gewöhnt sind, telefonisch immer erreichbar zu sein, und sich von jedem Anruf bei Ihren Übungen unterbrechen lassen, dann sollten Sie Ihre Prioritäten überprüfen. Ist Ihnen die Übungszeit nicht wichtiger, als jederzeit zur Verfügung zu stehen? Können Sie riskieren, Ihr Telefon stumm zu schalten, und sich damit auseinandersetzen, welche Ängste oder Unsicherheiten sich dahinter verbergen, wenn Sie nicht sofort wissen, wer Sie anruft?

Selbstständige Erkenntnisse über den eigenen Lernprozess sind entscheidend für das Gelingen. Wir können im Lernprozess dann Themen entwickeln und Probleme ableiten, sich widersprechende Bedürfnisse in Übereinstimmung bringen und so allmählich ein selbst gesteuertes Lernen entwickeln, ein größeres Maß an Selbstbestimmung gewinnen. Nehmen Sie sich den Raum, den Sie brauchen, bis Sie wieder ins regelmäßige Üben einsteigen möchten. Entmutigen Sie sich nicht selbst mit abwertenden Urteilen. Beginnen Sie stattdessen bei nächster Gelegenheit zur Wochenmitte oder am Wochenende wieder dort, wo Sie unterbrochen wurden. Wenn Sie verständnisvoll mit sich umgehen, stärken Sie mit diesem Lese-Workshop eine liebevolle Haltung gegenüber Ihren eigenen Versäumnissen. Unterbrechungen sind für manche ein Teil des Weges. Laden Sie sich freundlich wieder ein zum Weitermachen!

Die Bausteine des Übungsprogramms

Im Folgenden möchte ich Ihnen die wichtigsten Elemente, aus denen sich dieser Lese-Workshop zusammensetzt, noch einzeln vorstellen: Mantra, meditative Achtsamkeitsübung und Kontemplation.

Das Mantra

Als Mantra bezeichnet man eine meist kurze, formelhafte Wortfolge, die beständig im Geiste wiederholt wird. Mithilfe des Mantras, das Sie für sich an jedem Wochenende formulieren und das Sie als eine Art Motto durch die ganze Woche begleitet, sollen Ihre Herzenskräfte angeregt werden. Durch das Aussprechen und Wiederholen des Mantras richtet sich der Geist stets neu aus. Deshalb sollten Sie Ihr Mantra kurz und klar formulieren. Es möchte eine zündende, motivierende Wirkung haben. Sprechen Sie es vor sich hin, fühlen Sie, welche Resonanz die Worte in Ihrem Inneren haben. Mantras müssen keineswegs logisch sein. Wichtig ist, dass Ihr Mantra Ihr Herz berührt und tiefer liegende Kräfte in Ihnen anspricht.

Nehmen Sie wahr, ob Bilder dazu auftauchen. Für manche haben Farben und Bilder stärkere Wirkkraft als Worte. Wenn es Ihnen auch so ergeht, können Sie stets das Bild zusammen mit dem Körpergefühl und den Worten in sich wachrufen. Durch das innere Aussprechen des Mantras sammeln wir uns auf einer gefühlsmäßig wohltuenden Ebene und erinnern uns damit an das, was uns trägt. Das Mantra hilft dabei, uns nicht im Nebensächlichen zu verlieren, uns nicht unnötig aufzuregen. Deshalb sollte es auch keine Verneinungen oder Vermeidungen enthalten, kein »Du sollst nicht«. Packen Sie in Ihr Mantra das Positive, Ermutigende, Erfüllende. Fühlen Sie jeden Tag vielfach die angenehmen Körperempfindungen, die es begleiten.

Anfangs wird es für Sie nützlich sein, das Mantra auf Haftnotizen zu schreiben und diese an besonderen Orten anzubringen – vielleicht am Kühlschrank, am Computer oder im Auto, sodass Sie es im Tagesablauf mehrfach wahrnehmen. Ich habe bei meinen Freunden nachgefragt, mit welchem Mantra sie gerade durch den Tag gehen. Hier einige Beispiele: »Das gehört auch dazu!« »Es ist, wie es ist!« »Ich ruhe in mir.« »Es wird mir gelingen.« »Ich kann es, doch ich muss es nicht.«

Mantras können sich ändern, und sie können uns über lange Lebensphasen begleiten. Sie werden spüren, ob die Worte, die Sie wählen, die rechte Kraft haben. In den nächsten Wochen probieren Sie verschiedene Mantras aus. Im letzten Kapitel ziehen Sie ein Resümee und überlegen, ob Sie zu einem früheren Mantra zurückkehren möchten oder aus verschiedenen Mantras eine ganz neue Kombination bilden.

Die meditative Achtsamkeitsübung

Der rote Faden, der sich durch den gesamten Workshop hindurchzieht, ist eine Achtsamkeitsmeditation, die von Kapitel zu Kapitel erweitert und gleichzeitig vertieft wird. Achtsam zu leben heißt: bewusst wahrzunehmen und aufmerksam zu handeln, in jedem Moment so weit wie möglich innerlich anwesend zu sein. Achtsamkeit ist eine Geisteshaltung. So wie wir von einer bewusst aufrechten Körperhaltung sprechen, können wir auch im Geist eine bewusste Anwesenheit entwickeln. Achtsamkeit wird uns jedoch nicht geschenkt. Sie steht jedem zur Verfügung, muss aber geübt werden.

Jeder von uns ist im Alltag einer Vielfalt von Sinnesreizen ausgesetzt, die unsere Aufmerksamkeit fesseln. Wenn wir in der Stadt leben, begegnen wir pausenlos ausgeklügelten Werbeplakaten, die von uns registriert werden sollen. Wir hören ein wildes Durcheinander von Geräuschen, Stimmen, Motorlärm. Hinzu kommen die Empfindungen im Körper, ausgelöst durch Bewegung und Begegnung, durch Nahrungsaufnahme, Kleidung, die wir tragen, Wind und Wetter. Welcher Reiz in diesem Wettstreit von Sinneseindrücken in unser Bewusstsein dringt und von uns aufmerksam erkannt wird, bleibt häufig dem Zufall überlassen. Unsere Wahrnehmungsmuster sind fragmentiert, Puzzlesteinchen im Alltagsgeschehen, die gar kein Gesamtbild ergeben. Viel eher lösen sie ein Gefühl von Zerrissenheit und Überwältigtsein aus. Wenn wir in dieser von Tausenden von Reizen geprägten Konsumlandschaft zu innerer Ruhe finden wollen, müssen wir lernen, uns abzuschirmen und unsere Aufmerksamkeit bewusst zu lenken. Die Zerstreuung und Ablenkung, das Entfremdetwerden, das wir so vielfach erfahren, kann durch innere Sammlung ausbalanciert werden. Dadurch wird der Geist zur Ruhe kommen. Und genau das brauchen wir, um eine Entwicklung und Reifung zu vollziehen. Wir können uns nur mit einem Thema auseinandersetzen und daraus lernen, wenn wir in der Lage sind, eine geraume Weile bei einer Sache zu bleiben. Achtsamkeit ist die Voraussetzung, um Hindernisse zu erkennen und aus dem Weg zu räumen.

Was bewirkt Meditation?

Das achtsame Wahrnehmen und die Fähigkeit zur inneren Sammlung entwickeln sich durch Meditation. Alle Meditationsmethoden, so unterschiedlich sie auch erscheinen, haben zum Ziel, uns in die Lage zu versetzen, den Geist bewusst zu lenken und bei einem bestimmten, von uns gewählten Thema oder Objekt zu verweilen. Wir lernen beim Meditieren die präzise Wahrnehmung von Körperempfindungen. Wir lernen, Gedanken von Gefühlen zu unterscheiden sowie Verhaltens- und Denkgewohnheiten zu entschlüsseln. Die entscheidende innere Bewegung, die wir in der Meditation ständig vollziehen, besteht in der Rückkehr zur Wahrnehmung unseres Meditationsobjektes. Wir bauen Geisteskraft dadurch auf, dass wir uns wieder und wieder sagen: »Du wolltest doch deine Atembewegung spüren. Lass die Gedanken los, und kehre zurück zur Empfindung des Atems. Was fühlst du jetzt bei diesem Atemzug?« Mit dieser inneren Umkehrbewegung entwickeln wir im Geist den »Komm-zurück-Muskel«, der uns mit der Zeit in die Lage versetzt, bei der Sache zu bleiben, uns zu konzentrieren und in tiefere Schichten der Wahrnehmung vorzudringen. Die geballte Achtsamkeit, die sich nach und nach in der Meditation aufbaut, erlaubt uns, in unserem Inneren Dinge wahrzunehmen, die wir vorher, mit unserem zerstreuten Geist, gar nicht erkennen konnten. Mit dem lupenreinen Blick, der sich durch die Meditation entwickelt, erkennen wir plötzlich: »Ich lebe gar nicht das Leben, das ich mir wünsche.« Oder: »Ich überhöre dauernd die Signale meines Körpers.«

Die Kontemplation

Kontemplation ist – nach buddhistischem Verständnis – eine Vorform der Meditation. Während der Geist in der Meditation auf das bewusste Erleben aller Sinneserfahrungen ausgerichtet wird, richtet er sich in der Kontemplation auf eine kurze, klare Frage, einen bestimmten Gedanken oder ein einzelnes Wort. Die Aufmerksamkeit kreist um einen abstrakten Inhalt, beleuchtet aber auch all die Sinnesempfindungen, die durch den Gedanken ausgelöst werden. Wir können zum Beispiel in einer Zeit des stillen Sitzens mit unserer Aufmerksamkeit immer wieder zu dem Wort »Vergänglichkeit« zurückkehren. Nach einer Weile bemerken wir, dass Gefühle und Bilder aufsteigen, die mit diesem Begriff zu tun haben. Wir haben vielleicht plötzlich unseren Garten im Wechsel der Jahreszeiten vor Augen. Wir erinnern uns an Menschen, die aus unserem Leben verschwunden sind. Im Körper spüren wir die Furcht und die Unsicherheit, die der Gedanke an unablässigen Wandel in uns auslöst.

Es braucht jedoch Übung, damit wir in aller Offenheit um ein Thema kreisen und unvoreingenommen empfangen können, was sich zeigen möchte. Auch das werden wir im Laufe dieses Buches praktizieren und vertiefen. Ich möchte Sie nun einladen, die erste Kontemplation auszuprobieren. Halten Sie einen Kurzzeitwecker sowie Stift und Tagebuch bereit, denn wichtig ist zum Schluss das Schreiben! Denken Sie nicht: »Es reicht ja, wenn ich die Antworten im Kopf habe.« Wenn wir etwas schriftlich ausformulieren müssen, wirkt es wesentlich nachdrücklicher, als wenn wir es nur gedanklich durchspielen.

KONTEMPLATION

30 Minuten, Stift und Papier bereithalten

Einführung in die Kontemplation

- Stellen Sie den Kurzzeitwecker erst einmal auf drei Minuten und nehmen Sie eine entspannte Körperhaltung ein.

- In diesen ersten drei Minuten nehmen Sie wahr, was geschieht, wenn Sie sich innerlich wiederholt – mit längeren Pausen dazwischen – folgende Frage stellen:

Was braucht mehr Aufmerksamkeit in meinem Alltag?

Halten Sie die Augen dabei geschlossen. Erst nachdem Sie die Übung gemacht haben, lesen Sie hier weiter.

- Fragen Sie sich nach dieser ersten 3-Minuten-Übungsphase:
Welche Gedanken sind mir gekommen?
Habe ich nach Antworten gesucht? Habe ich angestrengt nachgedacht? Sind gar keine Antworten gekommen? Habe ich mich gelangweilt und mich gefragt, wann die drei Minuten endlich vorüber sind? Habe ich immerzu nur eine einzige Antwort erhalten? Oder jedes Mal eine andere? Konnte ich Empfindungen im Körper spüren? Sind Bilder aufgetaucht? Was passiert, wenn ich drei Minuten schweigend nach innen schaue?

- Versuchen Sie es jetzt noch einmal, diesmal für zehn Minuten. Folgen Sie wieder der ersten Anleitung zur Kontemplation. Was können Sie in sich wahrnehmen, wenn Sie sich folgende Frage stellen:

(Fortsetzung nächste Seite)

(Fortsetzung von Seite 29)

Was braucht mehr Aufmerksamkeit in meinem Alltag?

◆ Wiederholen Sie kontinuierlich diese Frage, mit angenehmen Pausen dazwischen. Ihre Antworten dürfen sich wiederholen. Sie können diese im Inneren auch aussprechen, das hilft, sich klarer darüber zu werden. Finden Sie knappe, eindeutige Formulierungen.

◆ Nachdem Sie zehn Minuten diese Frage kontempliert haben, schreiben Sie in Ihr Tagebuch oder in die folgenden Leerzeilen, was Sie von dieser Kontemplation in Erinnerung behalten möchten. Schreiben Sie mehrere Sätze, zum Beispiel:

In dieser Woche möchte ich besonders meinem Körper mehr Aufmerksamkeit schenken.

Die Motivation klären

Zu allen buddhistischen Übungen gehört es, sich zum Beginn bewusst zu machen, welche guten Gründe dafür sprechen, sich auf diese Übung einzulassen. Wir rufen uns ins Bewusstsein, mit welcher inneren Haltung wir an die Übung herangehen, weshalb wir eine bestimmte Übung machen wollen. Auf diese Weise gewinnen wir Einsicht in den eigenen Lernprozess. Wir stärken unseren Ansporn und unsere Durchhaltekraft. Wir führen uns vor Augen, wo wir zu viel von uns erwarten, wo wir uns selbst etwas vormachen, wo wir zwar etwas wollen, es dann aber doch nicht in die Tat umsetzen. Deshalb folgt hier zum Abschluss des ersten Kapitels die Klärung Ihrer Motivation für den Einstieg in diesen Lese-Workshop.

KONTEMPLATION
30 Minuten, Stift und Papier bereithalten

Motivation erspüren

◆ Legen Sie sich einen Stift und Ihr Tagebuch bereit und kontemplieren Sie die folgenden Fragen, so wie in der vorherigen Übung beschrieben, etwa fünf bis sieben Minuten lang:

Was wünsche ich mir vom Übungsprogramm in diesem Buch?

◆ Nach Beendigung der Kontemplation machen Sie sich fünf bis zehn Minuten lang Notizen zu diesem Thema in Ihrem Tagebuch.

(Fortsetzung nächste Seite)

(Fortsetzung von Seite 31)

◆ Danach nehmen Sie wieder eine aufrechte, meditative Haltung ein und machen sich nun fünf Minuten lang innerlich ein Bild von sich selbst in einer vollkommen entspannten und achtsamen Haltung. Sehen Sie sich selbst vor Ihrem inneren Auge in Ihrer ganzen Größe, blitzwach und präsent, frei und gelöst.

◆ Erinnern Sie sich an eine Lebenssituation, in der Sie sich kraftvoll, optimistisch und lebensbejahend gefühlt haben, und machen Sie im Geiste ein Foto von sich in diesem besonders glücklichen Moment.

◆ An welchem Ort befinden Sie sich auf diesem Foto? Wie sind Sie gekleidet, in welchen Farben? Können Sie Ihren Gesichtsausdruck nachempfinden? Vielleicht merken Sie, dass sich Ihre Stirn entspannt, vielleicht zeigen Sie ein Lächeln. Welche positiven Gefühle haben Sie, wenn Sie sich auf dem Foto in all Ihrer Kraft sehen? Gibt es dazu ein Bauchgefühl? Eine innere Wärme? Weitet sich Ihre Brust? Hüpft Ihr Herz?

◆ Versuchen Sie, ein paar Gefühle und Körperempfindungen zu benennen, die zu diesem schönen Foto von Ihnen gehören (Neugier, Leichtigkeit, Kraft, Expansion ...), und schreiben Sie diese Gefühle und Körperempfindungen auf.

◆ Nun fügen Sie das für Sie wichtigste und deutlichste dieser Gefühle in den folgenden Satz ein. Sprechen Sie ihn dann ein paar Mal vor sich hin, um zu prüfen, ob er stimmt. Wenn er nicht stimmen sollte, verändern Sie ihn so, dass Sie ihn als passend empfinden, und schreiben Sie ihn mit stimmigem Text dreimal in der gleichen Form (ja, es ist dann immer derselbe Satz) in Ihr Tagebuch und/oder in die folgenden Leerzeilen hier im Buch:

Ich wünsche mir, durch die Übungen mit diesem Übungsbuch in
den kommenden Tagen und Wochen immer wieder ein Gefühl von

in mir zu entdecken.

1

2

3

Vertrauen entwickeln

Erste bis zweite Woche

Vom Zweifel zum Vertrauen

Zu Beginn dieses Kapitels stelle ich Ihnen die Sieben-Punkte-Meditation vor, die von nun an täglich von Ihnen geübt werden möchte. Sie finden diese meditative Achtsamkeitsübung immer am Anfang des jeweiligen Kapitels, stets mit neuen Nuancen der Achtsamkeitspraxis ergänzt.

Im Anschluss an die Achtsamkeitsübung werde ich das Hindernis Zweifel erläutern und aufzeigen, wie Sie dieses schwierige Gefühl ausgleichen können. Sicher existieren noch viel mehr Lösungsmöglichkeiten, als ich in diesem Übungsbuch beschreiben kann. Notieren Sie in Ihrem Tagebuch, was für Sie als ausgleichende Kraft besonders wirkungsvoll ist, damit Sie bei der nächsten Begegnung mit dem Zweifel gleich Ihre eigenen Ideen nutzen können. Lesen Sie dieses Kapitel am ersten Wochenende Ihres Lese-Workshops zunächst bis zum Übungsblatt für die Wochenmitte. Außerdem machen Sie die Achtsamkeitsübung und formulieren mithilfe der Kontemplation Ihr erstes Mantra. Da das Lesen, Ausprobieren und Aneignen der Meditation beim ersten Mal einige Zeit beansprucht, gebe ich für dieses Wochenende keine weiteren Übungen an.

DIE ÜBUNGEN IM ÜBERBLICK

Erstes Wochenende:

◆ Meditative Achtsamkeitsübung (10 Min., S. 40)

◆ Ein Mantra für Selbstvertrauen entwickeln (30 Min., S. 48)

Wochenmitte:

◆ Kontemplativer Rückblick zur Wochenmitte (20 Min., S. 52)

◆ Übung A: Wohlwollen für sich selbst aktivieren (5 Min., S. 54)

◆ Übung B: Den Zweifel im Vergleichen erkennen (30 Min., S. 55)

◆ Übung B: Vergleiche aufschreiben (2 Min. täglich, S. 57)

Zweites Wochenende:

◆ Kontemplativer Rückblick zum Wochenende (20 Min., S. 58)

Ergänzende Übungen aus »Buddhas Anleitungen zum Glücklichsein«:

◆ Zweifel wahrnehmen (20 Min., S. 38)

◆ Lösung im Körper spüren (30 Min., S. 41)

◆ Vertrauen erforschen (30 Min., S. 44)

◆ Intuitive Antwort auf Zweifel suchen (10 Min., S. 53)

Erstes Wochenende: Meditative Achtsamkeitsübung

Bei dieser täglichen Meditation üben Sie, durch das stille Sitzen den Blick nach innen zu lenken. Da Ihre Aufmerksamkeit ganz auf die Körperwahrnehmung gerichtet ist, bauen Sie allmählich eine solide Anwesenheit im Körper auf, die Ihnen dabei hilft, Verhärtungen aufzuspüren und sich immer wieder neu zu entspannen. Eine gesprochene Anleitung zur Sieben-Punkte-Meditation finden Sie auf der CD in meinem Buch »Meditation« (siehe Anhang Seite 156) – Sie können sich die Übung jedoch genauso gut in der nun folgenden schriftlichen Form aneignen.

Lesen Sie zunächst die gesamte Anleitung durch und probieren Sie gleich im Anschluss ein paar Durchläufe, dann fällt es Ihnen morgen leichter, mit Ihrer Achtsamkeitsmeditation zu beginnen!

Die beste Zeit zum Üben

Es wird Ihnen helfen, wenn Sie diese Meditation möglichst täglich zur gleichen Zeit machen, am besten morgens, denn dann wirkt sie noch den ganzen Tag über. Wenn es nach dem Aufstehen nicht klappt, ist natürlich auch jeder andere Zeitpunkt willkommen. Ob in der Mittagspause, nach der Arbeit oder vor dem Schlafengehen – finden Sie den Moment, in dem die meditative Achtsamkeitsübung optimal in Ihren persönlichen Tagesablauf passt. Am einfachsten ist es, wenn Sie die Meditation regelmäßig in einem zeitlichen Rahmen durchführen, den Sie ohne größere Umstände einhalten können. Nehmen Sie sich für die erste Woche jeden Tag rund 10 Minuten Zeit dafür und halten Sie dieses Vorhaben möglichst konsequent ein. Wenn Sie hin und wieder länger üben möchten, ist das natürlich vollkommen okay.

Am Ende der ersten Woche können Sie dann bei der kontemplativen Rückschau entscheiden, ob Sie täglich ein paar Minuten länger sitzen möchten. Wichtiger als die Dauer der Meditation ist jedoch, dass Sie zu Ihrem inneren Versprechen stehen und diese Zeit dann auch durchhalten. Wenn Sie sich also vornehmen, in der nächsten Woche will ich 15 Minuten sitzen, weil die zehn Minuten in der letzten so rasend schnell vergangen sind, dann prüfen Sie, ob das auch wirklich möglich ist. Wenn Sie an mehreren Tagen nacheinander nicht die selbst bestimmte Zeit einhalten können, ist das ein Anlass, sie kürzer zu fassen. Meditationszeiten werden am besten erst dann verlängert, wenn man eine bestimmte Übungsdauer sicher und regelmäßig einhalten kann. Bis Sie am Ende des Buches angelangt sind, wird Ihre Übungszeit wahrscheinlich bei 20 bis 30 Minuten täglich liegen.

Einen angenehmen Ort finden

Wählen Sie einen Ort, an dem Sie wirklich ungestört sitzen können – entspannt auf einem Stuhl, Sessel oder einem Meditationskissen. Zum Einstieg in die Übung ist es vor allem wichtig, dass Sie sich wohlfühlen. Sie sollten nicht frieren – halten Sie daher auch eine leichte Decke bereit. Die Kleidung darf nirgends kneifen, denn Sie möchten nicht unnötig abgelenkt werden und ohne Anstrengung so entspannt wie möglich die Wirbelsäule aufrecht halten können. Ihre Arme und Hände liegen ruhig im Schoß oder auf einer Lehne oder einem Kissen. Sie versuchen, sich beim Meditieren nicht zu bewegen, denn die körperliche Ruhe führt auch zur Stille im Geist. Wenn es nötig wird, die Haltung zu verändern, machen Sie das im Zeitlupentempo, mit aller Aufmerksamkeit. Sollten Sie nicht im Sitzen üben können, ist es auch möglich, die sieben Punkte im Liegen durchzugehen.

Eine günstige Einstellung entwickeln

Wandern Sie bei der nun folgenden Übung immer wieder im Kreis durch die sieben Bereiche (Punkte) in Ihrem Körper und spüren Sie so genau wie möglich, was Sie im jeweiligen Bereich fühlen können. Lassen Sie sämtliche Vorstellungen davon los, was Sie dort wahrnehmen sollten. Nehmen Sie Ihre Körperempfindungen so, wie sie sich zeigen, ohne diese zu bewerten. Es ist Übung und viel Aufmerksamkeit nötig, um das reine Empfinden ohne irgendwelches Dazutun stehen zu lassen. Tempo und Genauigkeit des Spürens passen Sie Ihren Bedürfnissen an, die von Tag zu Tag anders sein können. Setzen Sie sich nicht unter Druck. Das ungehinderte Kommen und Gehen des Atems wird Ihnen zeigen, ob Sie sich genügend Raum geben.

MEDITATIVE ACHTSAMKEITSÜBUNG

10 Minuten täglich, meditative Haltung

Einführung in die Sieben-Punkte-Meditation

◆ Schließen Sie die Augen und spüren Sie Ihre Körperhaltung, ausgehend von den Auflageflächen Ihres Körpers. Wandern Sie zunächst einmal für rund zwei Minuten aufmerksam durch den Körper und fragen Sie sich: »In welchen Bereichen empfindet mein Körper Berührungskontakt?« An den Beinen, Oberschenkeln, dem Po, dem Rücken, den Armen? Geben Sie bei diesem ersten achtsamen Durchscannen Ihr ganzes Gewicht ab und lassen Sie den Atem ganz natürlich fließen, spüren Sie, wie Ihr Körper breiter und schwerer wird.

(1) Ihre Aufmerksamkeit richtet sich auf den Augenbereich. Fühlen Sie Ihre Stirn und die Schläfen und spüren Sie, wie die Augen in ihrer Höhle ruhen. Erlauben Sie sich ein allerkleinstes Lächeln in den äußersten Augenwinkeln.

(2) Lassen Sie den Kiefer hängen, sodass sich die obere und untere Zahnreihe nicht mehr berühren und der Mund sich leicht öffnet. Spüren Sie, wo die Zungenspitze die Zähne berührt, wenn die Zunge breit und entspannt im Mund liegt. Dieser zweite Punkt von sieben Punkten, die wir in dieser Meditation erforschen, erfasst gleichzeitig den gesamten angrenzenden Bereich – die Mundhöhle, die Zunge, die Lippen und den Kiefer.

3. Nun wandert Ihre Aufmerksamkeit über das Kiefergelenk hinaus zu den Ohren und weiter zum Schädelrand hin bis zu den ersten beiden Halswirbeln, auf denen der Kopf liegt.
Fühlen Sie den Neigungswinkel des Kopfes und der Halswirbelsäule. Lassen Sie die Muskeln am Schädelrand weich werden und spüren Sie, wie der Kopf zwischen den Schultern wie ein Ei in einem Eierbecher ruht. Setzen Sie sich beim Hinspüren nicht unter Druck. Es genügt für den Anfang, wenn Sie sich zu einem Körperbereich hindenken, das tatsächliche Fühlen kommt mit der Zeit durch das tägliche Üben.

4. Führen Sie Ihre Aufmerksamkeit Wirbel um Wirbel abwärts durch die Halswirbelsäule zur Brustwirbelsäule, bis hin zu den Schulterblättern, die Sie – ohne zusätzlichen Druck auszuüben – nach hinten unten sinken lassen. Dadurch öffnen sich der Brustbeinbereich sowie Ihr Herz- und Atemraum um einige Millimeter.

5. Die Aufmerksamkeit gleitet weiter durch die Wirbelsäule abwärts bis zum Steißbein. Je genauer Sie jeden einzelnen Wirbel aufmerksam umfangen können, umso wacher werden Sie, denn das dichte Nervengeflecht, das die Wirbelsäule umgibt, wird dadurch aktiviert.
Stellen Sie sich vor, dass am Ende des Steißbeins an einem langen Faden ein Lot hängt, das bis zur Mitte der Erdkugel schwingt. Spüren Sie, wie dadurch zwischen den Lendenwirbeln Raum entsteht, wie die Muskulatur

(Fortsetzung nächste Seite)

(Fortsetzung von Seite 41)

im unteren Rücken und Beckenboden loslässt und Sie noch ein bisschen mehr auf der Erde ankommen. (Wenn Sie im Liegen üben, fühlen Sie nur den Druck des Kreuzbeins auf der Unterlage.)

6 Richten Sie jetzt Ihre Wahrnehmung auf die Fingerspitzen in der rechten Hand. Berühren diese Finger irgendetwas? Gehen Sie an der rechten Hand von Finger zu Finger – spüren Sie die Daumenspitze, den Zeigefinger, Mittelfinger, Ringfinger und kleinen Finger – gibt es irgendwo Berührungskontakt?
Nun wandert die Aufmerksamkeit ebenso sorgfältig durch die Fingerspitzen der linken Hand. Spüren Sie die Daumenspitze, den Zeigefinger, Mittelfinger, Ringfinger und kleinen Finger – gibt es irgendwo Berührungskontakt?

7 Machen Sie die gleiche Übung auch mit den Zehenspitzen.
Zunächst versuchen Sie, am rechten Fuß einen Zeh nach dem anderen zu unterscheiden. Spüren Sie an einem der fünf Zehen Berührungskontakt? Wechseln Sie nun zum linken Fuß und fühlen Sie nacheinander die einzelnen fünf Zehenspitzen. Wo findet Berührung statt?

Nachdem Sie mit der Aufmerksamkeit durch alle zehn Zehen gewandert sind, können Sie wieder hoch zum Augenbereich wechseln und einen neuen Durchlauf der Sieben-Punkte-Meditation beginnen.

Die Herausforderung: Zweifel

Das erste Hindernis, dem wir unsere Aufmerksamkeit schenken, ist der Zweifel. Zweifel verhindert, dass wir dem Leben und uns selbst vertrauen. Zweifel hält uns klein. Er entspringt dem Denken und unserer Gewohnheit, zu allem eine Ansicht und Meinung zu entwickeln. Wir machen eine Erfahrung, beziehen innerlich eine Position, und wenn der Verstand die Dinge anders beurteilt als unser Gefühl, dann entspringt aus dem inneren Widerstreit Zweifel. Wir beginnen hin und her zu argumentieren, die Selbstgespräche führen jedoch zu keiner Lösung. Immer fehlt etwas, nie ist es genug. Wir können keine Ruhe finden und kommen nirgends an.

Gelähmt und dennoch ruhelos

Wer schon einmal längere Zeit im inneren Zweifel geschmort hat, der weiß, wie zermürbend und kräfteraubend dieser Zustand ist. Man fühlt sich wie gelähmt und findet keinen klaren Anhaltspunkt für ein Voranschreiten, während die Gedanken ruhelos herumwirbeln. »Was tun?«, lautet die große Frage. Abwarten? Abreisen? Kündigen? Sich scheiden lassen? Wir vergeuden unsere Energie mit Gedankenexperimenten, statt aktiv etwas zu unternehmen. Die Gedanken flitzen, hämmern, nagen, erlauben uns kein Entkommen. Manchmal wirkt das geradezu schmerzhaft. In solchen Momenten wird deutlich, dass es gar nicht mehr darauf ankommt, wie man sich entscheidet, sondern nur noch, ob man eine Entscheidung trifft, um auf diese Weise endlich wieder in Bewegung zu kommen.

Je stärker wir die Zweifel-Gedanken nähren, desto mehr umfangen sie uns wie ein unsichtbares Netz, das die Lebenskräfte abwürgt.

Ganz gleich, ob wir an uns selbst oder an anderen zweifeln – die Gefühle, die den Zweifel begleiten, sind stets unangenehm. Sie heißen Unsicherheit, Ungewissheit, Ruhelosigkeit, Angst. Zweifelnde können keinen Frieden finden, sich nicht wirklich entspannen. Ständig beherrscht sie die Frage: »Wohin wird es führen, wenn ich diesen Schritt mache beziehungsweise wenn ich diesen Schritt nicht mache?« Die widerstreitenden, zweifelnden inneren Kräfte verhindern Konzentration. Zweifel zersplittert die inneren Energien, er entzweit, zermürbt, lähmt. Im Für und Wider scheint es kein Ende zu geben, keine klare Entscheidung ist möglich.

Kleiner und großer Zweifel

Zweifel ruft nach Veränderung, nach Erlösung. Wir möchten diesen Zustand loswerden, endlich etwas tun, damit der Zweifel zerstreut werden kann. Zweifel kann uns motivieren, auf die Suche nach Erkenntnis und Antwort zu gehen. So liegt auch eine Chance in diesem Hindernis, ein Impuls zum Aufwachen, wenn wir uns fragen: »Ist das sinnvoll? Soll ich nicht lieber umkehren und einen neuen Weg wählen?« Vernünftiger Zweifel wirkt durchaus erhellend, weil er uns auffordert, bessere Lösungen zu finden, uns anspornt, etwas zu verändern und innere Energien zu aktivieren. Wenn man immer wieder erkennt: »So etwas darf nicht sein, dagegen muss ich mich abgrenzen!«, dann treibt uns der Zweifel an, die Stimme zu erheben, Klärung zu fordern, Veränderung einzuleiten.

In der buddhistischen Psychologie unterscheiden wir kleinen und großen Zweifel. Großer Zweifel betrifft Grundfragen des Lebens: »Wer bin ich? Was ist meine Aufgabe im Leben?« Er läßt uns aufwachen und wirkt ganz anders als der kleinliche, engstirnige, behindernde Zweifel, um den es hauptsächlich in diesem Kapitel geht.

Erster Schritt: Den Zweifel erkennen und benennen

Es gibt viele Arten von Zweifel – sie möchten alle erkannt und benannt werden, damit wir uns davon lösen können: kleiner Zweifel, großer Zweifel, Zweifel, der nach innen gerichtet ist – Selbstzweifel –, und Zweifel, der nach außen gerichtet ist – Zweifel am anderen. Wenn Angst den Zweifel nährt, kann er sich erst auflösen, wenn die Angst akzeptiert und bearbeitet wird. Das Wort Angst hat seine Wurzeln im Begriff Enge. Enge und Zweifel gehen Hand in Hand. Kann sich die Enge durch Akzeptanz in Raum verwandeln, wird der Zweifel direkt dadurch beeinflusst.

Je nach persönlicher Ausprägung tragen wir alle verschiedene Formen des Zweifels mit uns herum. Wir trauen weder unserer eigenen Wahrnehmung noch den Aussagen oder dem Verhalten der anderen. So können wir keine Ruhe, kein Vertrauen finden. Das Nagetier Zweifel knabbert an den Fundamenten von Beziehungen, bis sie brüchig werden.

Statt uns von zweifelnden Gedanken regieren zu lassen, sollten wir sie lieber so früh wie möglich entlarven und sie mit der Überschrift »Zweifel« beiseitestellen, ihnen keine weitere Nahrung geben. Ganz gleich, wie oft sie durch die Hintertür wiederkehren, diese innere Bewegung im Geist – Gedanken erkennen, benennen, abstellen – wiederholen wir geduldig, wieder und wieder, bis der Zweifel mit den Jahren immer dünner wird.

Wege aus dem Zweifel: Vertrauen aufbauen und stärken

Das Heilmittel für Zweifel ist Vertrauen in allen Formen: Selbstvertrauen, Vertrauen in Beziehung und in das Leben. Vertrauen birgt eine unglaubliche Kraft in sich. Es erlaubt uns, mit kontinuierlicher Achtsamkeit voranzuschreiten und uns durch die Reibung mit Problemen Gewissheit zu verschaffen. Vertrauen wirkt wie ein Schutzmantel. Es schenkt Geborgenheit und Zuversicht. Vertrauen ist ein Gefühl, das wir uns alle wünschen, es wächst in kleinen Schritten. Zum Glück können wir auch dazu beitragen, Vertrauen aufzubauen und zu nähren. Wenn wir erkennen, dass Vertrauen die Grundlage bildet für das Gelingen von Beziehungen und Projekten, werden wir anfangs unser ganzes Augenmerk darauf richten, Vertrauen zu schaffen.

> **Nicht außerhalb,
> nur in sich selbst soll man den Frieden suchen.
> Wer die innere Stille gefunden hat,
> der greift nach nichts
> und er verwirft auch nichts.**
>
> [Buddha]

Wir lassen uns Zeit für Entwicklung, gestatten uns kleine Schritte. Vertrauen heißt etwas auszuprobieren, sich innerlich abzusichern, dann wieder etwas Neues zu wagen. Dabei nähren wir nicht die ängstlichen, zermürbenden Gedanken, sondern achten auf das angenehme innere Gefühl, das aus dem Vertrauen erwächst.

Vertrauen im Körper spüren

Wir können lernen, die Aufmerksamkeit von den Gedanken abzuwenden und stattdessen die Empfindungen im Körper wahrzunehmen. Das hilft sofort, denn der Körper, die Natur kennt keinen Zweifel. Ein Grashalm, eine Wolke, ein Reh ist, wie es ist. Nur wir Menschen können unser Tun bedenken und bezweifeln. Doch wir können auch spüren, ob sich im Körper etwas ausdehnt und wohlig anfühlt oder sich fest zusammenzieht. Wir merken: »Da geht mir das Herz auf« – oder: »Jetzt möchte ich fliehen«. Wir bilden inneres Vertrauen, wenn wir Körpersignale ernst nehmen und spüren, ob ein Kloß im Hals steckt oder ein Stein auf den Solarplexus drückt.
Vertrauen zu üben ist vorrangige Aufgabe im Ausgleich von Zweifeln. Vertrauen ist der Stoff, der Zweifel in Luft auflösen kann. Wenn Sie das Gefühl haben, dass Ihnen, bedingt durch zu viel Zweifel, der Boden unter den Füßen

entgleitet, unterstützen Sie sich, indem Sie täglich kleine Schritte machen, die Ihr Selbstvertrauen untermauern und Ihre Glaubwürdigkeit stärken. Vielleicht möchten Sie häufiger die Wahrheit sagen, ohne andere gleich zu verprellen. Vielleicht möchten Sie wagen, mehr Zeit mit sich alleine oder zusammen mit anderen zu verbringen. Vertrauen und Achtung vor sich selbst bauen Sie auf, indem Sie in Übereinstimmung mit Ihrem innersten Wissen handeln und dafür auch bereit sind, ein Risiko auf sich zu nehmen. Mit jedem Loslassen, das Sie als Gewinn empfinden, wird Ihr Selbstvertrauen stärker. Sie merken dann: »Ja, ich kann Entscheidungen fällen, eine Sache abschließen, Wandel erlauben. Ich kann darauf vertrauen, dass der Schritt ins Neue zu meinem Besten ist.«

Sie entdecken die heilsamen Kräfte im Zweifel, wenn Sie zu dem Gefühl hinhorchen, das von den sorgenvollen Gedanken unterdrückt wird. Sobald Sie dem Fluss der Gefühle mehr Lauf lassen können, wächst die Zuversicht. Die Wirklichkeit ergründen, die Oberflächlichkeit durchdringen, besser zuhören, genauer nachfragen, besser verstehen, tiefer fühlen und empfinden wollen – all diese inneren Impulse helfen dabei, Vertrauen zu schaffen.

Erstes Wochenende: Ein Mantra kontemplieren

Ihre erste Aufgabe nach der Achtsamkeitsmeditation ist deshalb, mithilfe der folgenden Kontemplation ein Mantra zum Thema Selbstvertrauen zu entwickeln, das Sie durch die kommende Woche und, wenn es für Sie passt, auch durch den zweiten Durchlauf des Workshops begleiten wird. Sorgen Sie dafür, dass Sie die nächsten 30 Minuten niemand stört, und legen Sie einen Stift, Ihr Tagebuch und einen Kurzzeitwecker bereit. Erinnern Sie sich noch einmal an die Anleitungen zur Kontemplation aus dem vorherigen Kapitel (siehe ab Seite 28), wählen Sie eine meditative Haltung und beginnen Sie.

KONTEMPLATION

30 Minuten – Stift und Papier bereithalten

Mantra zur Stärkung von Vertrauen

◆ Legen Sie das folgende Wort im Geiste wie eine wohlschmeckende Süßigkeit auf die Zunge und lassen Sie es dort langsam zergehen – fünf Minuten lang, immer wieder – stellen Sie dafür Ihren Kurzzeitwecker. Dabei schauen Sie, welche Gefühle und Körperempfindungen, welche Gedanken und Bilder auftauchen:

Selbstvertrauen

◆ Nun kontemplieren Sie fünf Minuten lang folgende Frage:

In welcher Lebenssituation habe ich deutlich Selbstvertrauen empfunden?

Sehen Sie sich selbst in der erinnerten Situation so deutlich wie möglich und spüren Sie vor allem, wie das erinnerte Selbstvertrauen sich im Körper anfühlt ... Wärme im Bauch, eine Ausdehnung im Brustkorb, eine längere Ausatmung, ein kleiner Seufzer ...? Wie fühlt sich Selbstvertrauen an? Schließen Sie die Augen und spüren Sie es ganz genau in Ihrem Körper!

◆ Im nächsten Schritt denken Sie über einen kurzen, griffigen Satz nach, der Sie an dieses Gefühl erinnert und es in Ihnen wachrufen kann. Zum Beispiel könnten Sie einfach nur ein Wort nehmen, das Ihr Gefühl symbolisiert: *Sonnengleich* oder *kristallklar* oder *Tulpenstrauß*.

Ebenso können Sie einen kurzen Satz wählen: »Ich kann es und ich mache es!« Oder: »Ich kann es – aber ich muss es nicht tun!«

◆ Sprechen Sie das Wort, den Satz mehrfach laut oder leise vor sich hin und fühlen Sie, ob sich dabei das Empfinden im Körper einstellt, das Sie mit Selbstvertrauen verbinden. Wenn ja, dann stimmt er. Wenn nein, bessern Sie noch ein wenig nach, bis Sie ein optimales Gefühl dazu haben.

◆ Schreiben Sie Ihr Mantra für Selbstvertrauen dreimal im selben Wortlaut in Ihr Tagebuch. Schreiben Sie es auch unten in die Leerzeilen.

◆ Dieses Mantra wird Sie nun durch die folgende Woche begleiten. Schreiben Sie es auch zusätzlich auf ein paar Haftnotizen, die Sie an Orte kleben können, wo Sie gerne erinnert werden möchten.

◆ Sprechen Sie dieses Mantra täglich so oft wie möglich und spüren Sie dabei vor allem die guten Körperempfindungen. Sprechen Sie Ihr Mantra auch zum Abschluss der Sieben-Punkte-Meditation, nach dem Aufwachen und vor dem Einschlafen, vor oder nach jeder Mahlzeit, beim Autofahren und Warten – seien Sie erfinderisch bei der Anwendung!

Wochenmitte: Kontemplativer Rückblick

Nun haben Sie bereits einige Tage die Sieben-Punkte-Meditation geübt und Ihr Mantra angewendet. Ganz gleich, wie diese ersten Übungstage verlaufen sind, nehmen Sie sich jetzt eine gute halbe Stunde Zeit für Ihre erste Rückschau. Schaffen Sie sich dafür eine echte Wohlfühlsituation und sorgen Sie für Wärme, Schönheit und Ruhe. Es kann sein, dass Sie anfangs noch unsicher sind, wo für Sie der beste Platz für dieses kontemplative Innehalten ist. Wenn Sie dem Trubel der Familie ausweichen möchten, ziehen Sie sich möglicherweise in die stille Ecke eines Cafés zurück. Wenn Sie einen anstrengenden Arbeitstag hinter sich haben, gehen Sie vielleicht schon mit diesem Buch, Ihrem Tagebuch und ein paar Extra-Kissen ins Bett, haben einen dampfenden Kräutertee neben sich auf dem Nachttisch stehen und hören leise Musik im Hintergrund (Arvo Pärts »Alina« ist zum Beispiel die meditative Musik, die ich am liebsten beim Schreiben höre). Oder Sie gehören zu denen, die schon lange einen sicheren Lieblingsplatz haben und keinen Moment darüber nachdenken müssen, wo Sie sich niederlassen.

Experimentieren Sie – immer unter der Prämisse: »Wie schaffe ich die angenehmste Ausgangssituation?« Dazu gehört es auch, in Ihrem Inneren, im Herzen, eine vollkommen annehmende Haltung zu etablieren.

So gehen Sie vor

Um mit dem Rückblick für die Wochenmitte zu beginnen, legen Sie sich einen Stift und den Kurzzeitwecker bereit. Wenn Sie nicht in die dafür vorgesehenen Zeilen im Buch schreiben möchten oder mehr Platz brauchen, nehmen Sie nun auch Ihr Tagebuch zur Hand. Hauptsache, Sie formulieren Ihre Gedanken schriftlich aus (siehe auch Seite 28).

Erinnern Sie sich noch einmal daran, dass es hier nicht um Prüfungsfragen geht, sondern dass Sie Ihre Wahrnehmung verdichten möchten. Wir wollen beim kontemplativen Innehalten ein Thema immer wieder antippen, um es auch im Alltag aufspüren zu können. Kontemplieren Sie also jede Frage ab Seite 52 ein paar Minuten lang und machen Sie sich danach Ihre Notizen.

Begegnungen mit dem Zweifel

Es kann sein, dass Sie bisher noch gar nicht darauf geachtet haben, wo der Zweifel in Ihrem Alltag auftaucht. Nehmen Sie dann die ersten Fragen der folgenden Übung als Anregung mit in die nächsten Tage. Einige mögen wahrscheinlich schon das Wort »Zweifel« gar nicht hören, weil sie so voll davon sind. Oder ist Ihnen Zweifel einfach fremd? Welche Resonanz die Fragen zum kontemplativen Rückblick auch bei Ihnen haben: Geben Sie all den Empfindungen, die bei Ihnen ausgelöst werden, einen inneren Raum und benennen Sie Ihre Körperempfindungen. Notieren Sie zum Beispiel: Abwehr, Härte, Zähne zusammenbeißen, Faust machen, oder: Leere, Langeweile, trüb und taub. Wenn Sie zur zweiten Frage noch gar keine Ideen haben, schreiben Sie erst einmal: »Keine Ahnung! Darüber muss ich noch mehr nachdenken ...« Anfangs sind wir ja schon froh darüber, wenn wir den Zweifel nicht länger leugnen, sondern seine zersetzende Wirkung erkennen können. Mit mehr Übung und Verständnis folgt dann das Nachdenken darüber, wie es uns gelingt, ihn klug und wirksam aufzulösen. Die dritte Frage möchte Sie anregen, sich darüber klar zu werden, ob Sie in den vergangenen Tagen mehrfach täglich Ihr Mantra ausgesprochen haben oder ob es stattdessen gleich wieder nach dem Aufschreiben in Vergessenheit geraten ist. Stimmt es vielleicht noch nicht ganz? Möchten Sie es besser den eigenen Bedürfnissen anpassen? Sprechen Sie Ihr Mantra und fragen Sie sich: »Fühlt es sich so gut an? Kann ich die vertrauenerweckende Wirkung fühlen, die mich darin unterstützt, den Zweifel loszulassen?«
Abschließend überlegen Sie, in welcher Form Sie sich noch häufiger an Ihr Mantra erinnern möchten. Wo könnten Sie eine Haftnotiz oder ein schön gestaltetes Blatt mit Ihrem Mantra anbringen?

52

Rückblick zur Wochenmitte

◆ In welchen Momenten bin ich in den vergangenen Tagen der Herausforderung Zweifel begegnet? Konnte ich beobachten, was bei mir Zweifel weckte?

◆ Was hilft mir, Zweifel aufzulösen?

◆ Wie wirksam ist mein Mantra? Habe ich in Situationen des Zweifels an mein Mantra gedacht?

Die Übungen zur Wochenmitte

Im Anschluss an Ihren kontemplativen Rückblick zur Wochenmitte können Sie nun die folgenden Übungen machen und noch tiefer in das Thema Zweifel und Vertrauen einsteigen. Sie werden erforschen, wie Vergleiche und Idealvorstellungen dem Zweifel ständig neue Nahrung schenken. Selbst ein angemessenes, stabiles Selbstwertgefühl kann vom zweifelnden Geist immer wieder schmerzhaft untergraben werden.

Beginnen Sie im ersten Durchlauf mit Übung A und machen Sie erst in der zweiten Übungswoche die Übungen B. Die Übung A dieser Wochenmitte ist so kurz, dass Sie sie jeden Tag vor Ihre anderen Übungen stellen können. Sie bietet eine Möglichkeit, das Herz für sich selbst zu öffnen. Sie können diese Übung jederzeit und in jeder Haltung durchführen. Sie sollten aber darauf achten, dabei so entspannt wie möglich zu sein.

ÜBUNG A FÜR DIE WOCHENMITTE
5 Minuten, meditatives Sitzen

Wohlwollen für sich selbst aktivieren

◆ Stellen Sie sich vor, dass Sie liebevoll einen Arm um Ihre eigenen Schultern legen und die folgenden beiden Sätze aus der Metta-Meditation mit einer warmherzig-wohlwollenden Stimme zu sich sagen:

»Mögest du glücklich sein, mögest du dich sicher und geborgen fühlen.«

◆ Fühlen Sie die Wirkung dieser Worte. Öffnen Sie Herz und Geist bereitwillig, um Neues zu erkunden, ohne sich zu bewerten.

◆ Sprechen Sie diese Sätze, gefolgt von Ihrem Mantra, am besten vor jeder Übung ein paar Mal und sagen Sie sich: »So, nun lass uns mal schauen, was es zu entdecken gibt ...« Dann haben Sie eine gute Ausgangssituation für Ihre weiteren Übungen.

Übungen B zur Wochenmitte

In unserer Leistungsgesellschaft werden wir ständig darauf getrimmt, uns mit anderen zu vergleichen. Hinter jeder Wegbiegung wird ein Wettbewerb ausgeschrieben, immerzu fragen wir uns: »Bin ich gut genug, könnte ich besser sein, mehr Kunden bedienen, weniger schlafen, schöner aussehen etc.« Wenn Sie in den vergangenen Tagen bemerkt haben, dass Vergleichen für Sie durchaus ein Thema ist, dann können Sie dieser ungünstigen Gewohnheit mit den beiden folgenden Übungen noch besser auf die Spur kommen. Sobald Sie im Alltag Vergleiche anstellen, benennen Sie dies innerlich, etwa: »Hier vergleiche ich.« Fügen Sie keine Urteile und Kommentare hinzu, bleiben Sie bei der sachlichen Beobachtung und nehmen Sie die Körperempfindungen wahr, die dazugehören. Sind Sie von Stolz erfüllt, fühlen Sie sich frustriert? Wirken diese Gefühle sinnvoll? Möchten Sie Ihr Selbstwertgefühl von Vergleichen mit anderen abhängig machen? Wem ist mit diesen Gedanken wirklich gedient? Üben Sie, Vergleiche schnellstmöglich loszulassen.

ÜBUNG B FÜR DIE WOCHENMITTE
30 Minuten, Stift und Papier bereithalten

Den Zweifel im Vergleichen erkennen

◆ Nehmen Sie einen Stift und ein Din-A4-Blatt Papier und schreiben Sie in die Mitte des Blattes das Wort:

Vergleichen

◆ Dann lassen Sie wahllos alle Gedanken kommen, die sich um Ihr ständiges Vergleichen im Alltag drehen. Welche Vergleiche stellen Sie immerzu an?

◆ Schreiben Sie stichwortartig Gedanken dazu auf das ganze Blatt verteilt. In der einen Ecke steht vielleicht: Vergleiche mit Gleichaltrigen, in der anderen: Vergleiche mit Geschwistern; dann fallen Ihnen die Vergleiche mit Kollegen ein, mit Team-Mitgliedern, Vorgesetzten, anderen Müttern und Vätern. In der nächsten Ecke stehen die Vergleiche, in die Sie Ihre Familienmitglieder und Freunde einbinden. Wieder einen anderen Raum nimmt der Bereich ein, wo Sie Auto, Wohnung, Besitz vergleichen.

(Fortsetzung nächste Seite)

(Fortsetzung von Seite 55)

◆ So entwickelt sich auf dem Papier ein dicht gesponnenes Netz von Vergleichsgedanken. Versuchen Sie, sich nicht zu bewerten oder zu verurteilen. Nehmen Sie nur zur Kenntnis: Solche Auswirkungen haben Vergleiche!

◆ Wenn Ihnen nichts mehr einfällt oder das Blatt voll beschrieben ist, fragen Sie sich: »Was fühle ich beim Betrachten dieser Gedanken in meinem Körper?« Spüren Sie genau in Ihr Herz, in Ihren Bauch hinein.

◆ Benennen Sie für sich deutlich die Körperempfindungen und schreiben Sie diese Körperempfindungen am besten mit einer anderen Farbe auch noch in die Lücken auf dem Blatt.

◆ Wenn Ihnen keine Körperempfindungen auffallen, spüren Sie noch einmal hin: Angesichts all dieser Vergleiche – zieht sich das Herz zusammen, kneift es im Bauch? Halten Sie dabei den Atem ein wenig an? Krümmen sich die Zehen? Ziehen Sie die Schultern hoch? Steckt irgendwo im Körper mehr Spannung?

Vergleiche sind ein Produkt unseres Denkens. Sie untergraben die Empfindungen unseres Herzens und die natürliche Verbundenheit mit anderen Lebewesen. Die Idealvorstellungen, an denen wir uns messen, sind oft unerreichbar. Wir fügen uns selbst Leiden zu, wenn wir niemals unseren Ansprüchen genügen können!

Die folgende Übung möchte Ihnen aufzeigen, welche Bedeutung das Vergleichen in Ihrem Alltag hat. Je deutlicher Sie die unseligen Auswirkungen erkennen, umso eher werden Sie darauf verzichten wollen.

ÜBUNG B FÜR DIE WOCHENMITTE
2 Minuten täglich, Notizen machen

Vergleiche aufschreiben

◆ Schreiben Sie im Laufe der kommenden Woche all die Vergleiche auf, die Sie tagsüber mit sich und Personen in Ihrem Umfeld angestellt haben, also zum Beispiel:

◆ Ich bin attraktiver als Sabine.

◆ Florian weiß sicher viel mehr als ich.

◆ Meine Mutter hört nicht so genau zu wie meine beste Freundin.

◆ Ich sollte wirklich mehr verdienen als Herr Müller.

Und so weiter …

Zweites Wochenende Samstag: Kontemplativer Rückblick

Jetzt haben Sie eine Woche Zweifel und Vertrauen erforscht. Rufen Sie sich ins Bewusstsein, dass jede Übungsperiode anders verläuft. Mal empfinden Sie sich rückblickend als zielstrebig, mal haben Sie das Gefühl, zu nachlässig und unaufmerksam gewesen zu sein. Nehmen Sie immer wieder neuen Anlauf, sich mit nicht wertender Offenheit Ihr eigenes Verhalten anzuschauen. Ziehen Sie zunächst mit dem Übungsblatt zum Wochenende ein Fazit der vergangenen Tage und halten Sie dafür wieder Stift, Tagebuch und Kurzzeitwecker bereit. Dann lesen Sie erst eine Frage, kontemplieren diese und machen sich danach Ihre Notizen direkt ins Buch oder in Ihr Tagebuch.

Rückblick zum Wochenende

◆ In welchen Momenten bin ich in den vergangenen Tagen der Herausforderung Zweifel begegnet? Konnte ich beobachten, was bei mir Zweifel weckte?

◆ Was hilft mir, Zweifel aufzulösen?

◆ Wie wirksam ist mein Mantra? Habe ich in Situationen des Zweifels an mein Mantra gedacht?

Wenn Sie beim Thema Zweifel bleiben möchten, können Sie im Laufe dieses Wochenendes Ihr Mantra noch einmal überprüfen. Möchten Sie es aufgrund Ihrer Erfahrungen dieser Woche noch abändern? Worauf möchten Sie im Umgang mit dem inneren Motto künftig mehr achten? Gibt es Stolperfallen, die Sie aus der Spur werfen und die in der kommenden Woche von vornherein mehr Aufmerksamkeit bekommen sollten? Vergessen Sie Ihr Mantra im Zusammensein mit Ihren Kindern oder sobald Sie Ihren Chef sehen? Notieren Sie Ihre Antworten in Ihrem Tagebuch. In der Wochenmitte füllen Sie noch einmal das Übungsblatt aus und machen die Übungen B. Erst am nächsten Wochenende wechseln Sie zum dritten Kapitel, nachdem Sie auch den Rückblick zum Wochenende ein zweites Mal gemacht haben. Wenn Sie jedoch schon jetzt zum nächsten Hindernis kommen möchten und erst am Ende alles wiederholen wollen, lesen Sie weiter auf Seite 62.

Inseln

der Ruhe **A**im

Alltag finden

Dritte bis vierte Woche

Von Unruhe zur Geduld

Ich hoffe, es hat Ihnen gutgetan, in der vergangenen Woche Ihr Selbstvertrauen zu stärken. Wenn Sie den kontemplativen Rückblick zum Wochenende abgeschlossen haben, können Sie sich nun dem unruhigen Geist zuwenden, der sich nach einem Ort zum Ankommen sehnt und viel Geduld braucht.

Erstes Wochenende Sonntag: Meditative Achtsamkeitsübung

Indem wir uns in Geduld üben, können wir auch unser Selbstvertrauen weiter vertiefen. Formulieren Sie Ihr Mantra auf jeden Fall noch am Wochenende, damit Sie schon Erfahrungen damit sammeln können. Lesen Sie erst einmal nur bis zum Rückblick für die Wochenmitte. An dieser Stelle geht es dann am Mittwoch weiter. Beginnen Sie zunächst wieder mit der täglichen Meditation, die Sie nun um einen Aspekt erweitern. Da Sie bereits geübt sind, brauchen Sie wieder nur rund 10 Minuten dafür. Deshalb biete ich Ihnen an diesem Wochenende auch noch weitere Übungen an. Die beiden A-Übungen können Sie von nun an bei Bedarf jederzeit anwenden.

MEDITATIVE ACHTSAMKEITSÜBUNG
10 Minuten täglich, meditative Haltung

Den Atem integrieren

- Ihre Meditationsübung konfrontiert Sie täglich mit dem ständigen Wandel im Leben. Keine zwei Meditationssitzungen, ja nicht einmal zwei Atemzüge verlaufen genau gleich. Bemerken Sie, dass Sie manchmal genauso gut sitzen möchten wie am Tag zuvor und dass es dadurch schwieriger wird? Wenn wir Streben und Wollen in die Meditation hineinbringen, produzieren wir auch Unruhe. Zweierlei ergänzen wir in dieser Woche:

- Zum Beginn der Meditationsphase sprechen Sie etwa fünfmal Ihr Wochen-Mantra und zum Abschluss ebenso.

- Nach jedem Durchlauf der Sieben-Punkte-Meditation richten Sie die Aufmerksamkeit auf die Atembewegung im Körper und spüren etwa ein bis zwei Minuten lang das Kommen und Gehen des Atems. Verändern Sie Ihren Atem in keiner Weise. Nehmen Sie nur wahr, wo und wie Sie die Bewegung des Atems im Körper spüren können und an welchen Stellen die Atemempfindung besonders einfach und deutlich erkennbar ist. Danach machen Sie erneut einen Durchlauf der sieben Punkte und spüren wieder zum Abschluss den Atem, wie oben beschrieben. So machen Sie weiter, bis Ihre Meditationszeit vorüber ist.

DIE ÜBUNGEN IM ÜBERBLICK

Erstes Wochenende:

◆ Meditative Achtsamkeitsübung (10 Min., S. 63)

◆ Ein Mantra für Geduld entwickeln (20 Min., S. 69)

◆ Übung A: Soforthilfe gegen Unruhe: Grounding (5 Min., S. 71)

◆ Übung A: Ankommen nach einem unruhigen Tag (30 Min., S. 73)

◆ Übung B: Wofür brauche ich Geduld? (10 Min., S. 75)

Wochenmitte:

◆ Kontemplativer Rückblick zur Wochenmitte (20 Min., S. 76)

◆ Übung A: Mit Musik zur Ruhe kommen (20 Min., S. 78)

◆ Übung B: Einen Ort der Ruhe finden (30 Min., S. 79)

◆ Übung B: Geduld und Aufmerksamkeit verschenken (30 Min., S. 80)

Zweites Wochenende:

◆ Kontemplativer Rückblick zum Wochenende (20 Min., S. 81)

Ergänzende Übungen aus »Buddhas Anleitung zum Glücklichsein«:

◆ Den Unruhegeist erkennen (30 Min., S. 63)

◆ Geduld erlernen (30 Min., S. 71)

Die Sieben-Punkte-Meditation hilft Ihnen, den Geist zu fokussieren, besonders in Zeiten innerer Unruhe, wenn Sie viele Gedanken plagen, wenn Sie müde sind oder sich verwirrt und unkonzentriert fühlen. In solchen Phasen ist es eine besondere Herausforderung, dem Atem Zuwendung zu schenken, denn der Atemraum gibt Ihrer inneren Achtsamkeit nicht sehr viel Halt. Es braucht mehr Zielkraft, die Atemempfindung mit jedem neuen Ein und Aus zu spüren (siehe auch Seite 66). Sie finden also immer besser heraus, wann Sie ganz bewusst die Aufmerksamkeit auf die sieben Punkte ausrichten und wann Sie mit der Atembetrachtung fortfahren.

Die Herausforderung: Unruhe

Wenn Unruhe uns im Griff hat, ist kein Raum zum Ausruhen, zum Verweilen vorhanden. Sprunghaft, ziellos schweifend steht der Unruhegeist unter Bewegungszwang. Er kann keine Ruhe finden, weil im Ankommen schon der nächste Handlungsimpuls erfolgt. Es gibt dauernd etwas zu erledigen. Immer finden sich noch weitere Projekte auf der inneren Liste, und wir brauchen Kraft, um uns gegenüber den eigenen Anforderungen abzugrenzen. Oft wissen wir nicht, wo uns der Kopf steht. Wohin nur mit all der inneren Unruhe?

Was nährt den Unruhegeist? Steckt dahinter nicht ein subtiles Empfinden von Ungenügendsein? Glauben wir, immer noch mehr beweisen und leisten zu müssen? Ist der Unruhegeist also auch ein Ausdruck mangelnden Selbstvertrauens? Denn wenn wir mit uns selbst im Großen und Ganzen zufrieden sind, dann können wir Feierabend machen, obwohl das Werk nicht perfekt vollendet ist. Dann wissen wir, dass wir die Ruhepause brauchen, um wieder mit Freude an die Arbeit zu gehen.

Der Unruhegeist wächst aus dem Nicht-haben-Wollen von Unangenehmem und der Gier nach angenehmen Empfindungen. Haben wir eine Vorstellung, wie wir sein sollten, was wir vollbringen müssten und unter idealen Bedingungen auch sicher vollbringen könnten, dann sind wir ständig in der inneren Bewegung des Strebens. Dieses Ideal erlaubt uns nicht, mit der unangenehmen Erfahrung der Unvollkommenheit zu verweilen. Es ist ein ständiges Abwägen zwischen Streben und Loslassen. Natürlich steckt auch eine Kraft darin, bereit zu sein, immer wieder Neues anzupacken. Doch das ist hier nicht gemeint. Es geht um die Unfähigkeit, vermeintlichen Stillstand zu ertragen.

Veränderung tritt sicher ein

Geisteszustände sind ja ständig in Bewegung. Sie verändern sich pausenlos. Nach einer Zeit der Unruhe kann ganz unvermittelt Trägheit eintreten oder Zweifel oder Sorge. Dann fragen wir uns: »Habe ich jetzt etwas anders gemacht? Wieso ist die Unruhe plötzlich weg?« Wir fühlen uns erleichtert, möchten gerade die neue Situation genießen, da tritt schon wieder eine Veränderung ein. Wir haben keine Kontrolle darüber. Wir können durch das wache Erkennen des dauernden Wandels in uns aber eine innere Gelassenheit aufbauen und so nicht auf jede Veränderung negativ reagieren. Wehren wir uns gegen den Wandel, baut sich Aversion auf, und mit ihr kehrt auch wieder die Unruhe ein.

Fragen Sie sich, was in unruhigen Zeiten ungünstig auf Sie wirkt. Vielleicht bringt zum Beispiel gerade der sonst so geliebte Kaffee am Morgen zu viel Erregung in Ihr System. Oder Sie bemerken, dass es Ihnen guttun würde, einen Teil des Weges zwischen Wohnung und Arbeitsplatz zu Fuß zurückzulegen. Nach unruhigen Tagen könnten Sie sich vornehmen, sich abends Ihren Pflanzen zu widmen, die Palme umzutopfen, die schon seit Langem darauf wartet, oder ein paar neue Kräuter ins Beet zu setzen. Durch den physischen Kontakt mit weicher Erde lässt sich die nervliche Erregung wunderbar ableiten.

Unruhe bei der Sieben-Punkte-Übung

Vielleicht bemerken Sie auch bei Ihrer Meditationsübung eine Unruhe, der Sie sich vorher gar nicht bewusst waren. Es ist manchmal gar nicht so leicht, sich auf das stille Sitzen einzulassen und den Atem und die Körperempfindungen wieder und wieder in sich zu suchen. Nur allzu schnell kommen die Gedanken, die fragen: »Was machst du hier eigentlich? Du kannst doch nicht einfach herumsitzen, wo es noch so viel zu tun gibt!« Irgendwo juckt es plötzlich ganz heftig, oder es wird Ihnen mit dem offenen Fenster doch zu kühl, und Sie müssen aufstehen, um eine Decke zu holen. Dann beginnen Sie wieder von Neuem und erinnern sich, dass Sie bestimmte Unterlagen zur Arbeit mitbringen müssen, die Sie besser gleich bereitlegen sollten ... und wieder sind Sie der Unruhe zum Opfer gefallen. In der Meditation ist der Unruhegeist schwer auszuhalten. Zehn Minuten erscheinen dann unendlich lang. Bleiben Sie trotzdem sitzen! Was kann schon passieren, außer dass Sie überall sehr deutlich Ihre Unruhe wahrnehmen? Bieten Sie Ihr die Stirn mit Entschiedenheit! Nur wenn es uns gelingt, die innere Unruhe mit Achtsamkeit zu umfangen und die Gedanken für die Zeit der Meditation als Wolken zu betrachten, die ohne unser Dazutun kommen und gehen, können wir innerlich zur Ruhe kommen. Es bildet sich dann eine innere Instanz, die selbst in Zeiten der Unruhe erstaunlich entspannt bleiben kann – so wie der Ozean, der an der Oberfläche heftige Wellenbewegungen zeigt und in den Tiefen ganz ruhig bleibt. Dabei hilft uns Geduld – die ausgleichende Eigenschaft zur Unruhe.

Die ausgleichende Kraft: Geduld

Wir brauchen Geduld, um ein Musikinstrument, eine Sportart oder eine fremde Sprache zu erlernen. Vieles erschließt sich im Leben erst nach langen Zeitphasen. Ein altdeutsches Wort für Geduld ist Langmut. Es weist darauf hin, dass wir bei dieser Geisteseigenschaft die Fähigkeit brauchen, auf etwas warten zu können. Der Zirkusclown Bello Nock erzählte, sein Vater habe ihm zu keiner Zeit das Zirkusleben aufgedrängt. Er habe ihm lediglich vor-

> Alles, was wir in geruhsamen Zeiten kultivieren,
> sammeln wir als Stärke
> für Zeiten des Wandels.

[Jack Kornfield]

geschlagen, es erst einmal dreißig oder vierzig Jahre lang auszuprobieren! Immer wieder können wir bei unseren Achtsamkeitsübungen entdecken, dass häufig in den unangenehmen Situationen, in denen wir uns voller Widerstand erleben, die interessantesten Erkenntnisse versteckt sind. Aber wir brauchen Geduld, um das zu entdecken. Solche Einsichten erschließen sich nicht auf den allererersten Blick.

Inneres Wachstum braucht Zeit

Die Geduld, die wir aufbringen, um jeden Tag konsequent zehn Minuten (oder auch länger) zu meditieren, hilft uns, wenn wir beim nächsten Mal in einer kniffligen Situation am liebsten davonlaufen möchten. Früher hätten wir uns vielleicht aus dem Staub gemacht. Doch nun zeigt sich plötzlich die Fähigkeit zu bleiben. Alles, was schwierig ist, kann durch geduldiges Üben erschlossen werden. Indem wir lernen, mit kleinen Unannehmlichkeiten zu verweilen, üben wir, den wirklich großen Problemen nicht auszuweichen. Mit der Geduld entwickeln wir noch andere wohltuende Eigenschaften. In den buddhistischen Lehren beinhaltet Geduld auch, vergeben zu können. Geduld gilt als Gegengewicht zu Ärger und Groll, denn diese Gefühle entstehen aus innerem Aufbegehren, aus Aversion (siehe auch ab Seite 131).

Erstes Wochenende Sonntag: Ein Mantra kontemplieren

Geduld enthält Empfänglichkeit, eine Bereitschaft zur Hingabe. Sind wir geduldig, lassen wir uns nicht mehr von unserem Verlangen nach sofortiger Wunscherfüllung dirigieren. Wir geben unseren Gedanken und Impulsen Raum, ohne sie sogleich auszuagieren, wir sind offen für das, was sich zeigen möchte. Versuchen Sie nun, ein Mantra zu finden, das Ihre Geduld unterstützt und Sie durch die Woche führt.

KONTEMPLATION
20 Minuten – Notizen machen

Mantra zur Stärkung von Geduld

- Kontemplieren Sie drei Minuten lang die folgende Aussage und achten Sie dabei vor allem auf Ihre Körperempfindungen:

Ich habe alle Zeit der Welt.

- Nun kontemplieren Sie fünf Minuten lang folgende Frage:
Wie wohltuend und beruhigend wirkt dieses Motto »Ich habe alle Zeit der Welt« auf Sie? Wenn ich diese Übung mache, dann erfasst mich etwas Beglückendes. Ich kann mich ganz dem gegenwärtigen Moment hingeben. Der Atem vertieft sich und wirkt freier, der Raum in den Hand- und Schultergelenken vergrößert sich. Haben Sie ähnliche Empfindungen? Erspüren Sie die angenehmen Empfindungen in Ihrem Körper.

- Möchten Sie es lieber mit einem anderen Satz versuchen? Zum Beispiel: »Niemand drängt mich.« Oder: »Hab Geduld, lieber Gott, ich komme schon!« (Das Gebet der Schnecke)

- Vielleicht genügt ein Wort, zum Beispiel: »Pausenknopf«. Probieren Sie noch ein wenig weiter, bis Sie ein Wort oder eine knappe, klare Formulierung gefunden haben, die spürbar in Ihrem Körper wirkt und Ihr Geduldigsein nährt.

(Fortsetzung nächste Seite)

(Fortsetzung von Seite 69)

◆ Schreiben Sie nun dieses Mantra dreimal im selben Wortlaut in Ihr Tagebuch und in die dafür unten vorgesehenen Leerzeilen.

◆ Dann rufen Sie sich alles ins Gedächtnis, was Sie in den vergangenen beiden Wochen im Umgang mit Ihrem ersten Mantra bereits gelernt haben. Welche dieser Lernerfahrungen möchten Sie künftig mit einbeziehen? Hier einige Beispiele:

◆ Es hat mir sehr geholfen, das Mantra überall hinzuheften.

◆ Den letzten Gedanken am Abend und den ersten am Morgen habe ich zu meinem Mantra geschickt – das wirkte wohltuend.

◆ Ich habe mit niemandem über mein Mantra geredet – ich will es ganz für mich alleine haben.

◆ Es war eine gute Idee, das Mantra in Folie einzuschweißen, das werde ich wieder machen.

Die Übungen zum Wochenende

Im Anschluss an Ihre Mantrafindung können Sie gleich noch die folgenden Übungen A ausprobieren oder sie auch erst an einem der nächsten beiden Tage machen. Zunächst zeige ich Ihnen eine stille Atemübung, die Sie überall anwenden können, wenn Sie von Unruhe überfallen werden. Machen Sie die Übung ein paar Mal daheim, damit Sie nicht mehr groß darüber nachdenken müssen, wenn Sie sie unterwegs brauchen können. Führen Sie das Grounding am besten im Stehen durch. Falls das nicht geht, probieren Sie es in einer anderen Körperhaltung. Die Übung A auf Seite 73 dauert länger, ist aber sehr entspannend und eignet sich vielleicht für Montag oder Dienstag, wenn Sie einen anstrengenden Arbeitstag hinter sich haben.

ÜBUNG A FÜR DAS WOCHENENDE
5 Minuten, meditative Haltung

Soforthilfe gegen Unruhe: Grounding

- Stellen Sie sich vor, dass Sie durch den Schädelrand (entspricht etwa dem dritten Punkt in der Sieben-Punkte-Meditation) einatmen. Führen Sie Ihr Ausatmen in Ihrer Vorstellung innen an der Wirbelsäule entlang abwärts, bis durch das linke Hüftgelenk in den linken Oberschenkel, Unterschenkel und durch die Fußsohle in den Erdboden.

- Atmen Sie danach zwei, drei Atemzüge ohne diese Führung, ganz natürlich, ohne den Atem irgendwie zu beeinflussen.

(Fortsetzung nächste Seite)

(Fortsetzung von Seite 71)

◆ Dann atmen Sie wieder durch den Schädelrand ein und führen Ihr Ausatmen innen an der Wirbelsäule entlang, durch das rechte Hüftgelenk in den rechten Oberschenkel, Unterschenkel und durch die Fußsohle, so weit es geht in die Erde hinunter.

◆ Nun wieder zwei, drei Atemzüge Zwischenatmen, dann wieder über das linke Bein ausatmen, immer im Wechsel, solange Sie Zeit haben und solange Sie es möchten. Wenn Sie sehr genau sein wollen, können Sie sich vorstellen, wie Sie durch die Zehenspitzen ausatmen und dabei einen Zeh nach dem anderen spüren.

Die folgende Übung ist besonders geeignet, um nach einem langen, unruhigen Tag abzuschalten. Vielleicht warten Sie nicht unbedingt auf solch einen Erschöpfungsmoment, sondern gönnen sich jetzt gleich diese Pflege! Sie brauchen für diese Übung zwei Handtücher und eine Wanne, in der Sie Ihre Füße in heißem Wasser baden können. Ideal wäre ein Badezusatz für die Füße und eine Fußcreme – wenn beides nicht vorhanden ist, nehmen Sie etwas Duschgel und eine simple Hautcreme.

Bereiten Sie alles gut vor – füllen Sie besonders heißes Wasser in die Wanne (es kühlt noch ein Weilchen ab, bevor Sie mit den Füßen hineinsteigen) und legen Sie Handtuch sowie Creme bereit. Während all dieser Vorbereitungen denken Sie schon darüber nach, wie treu Ihre Füße Sie durch den Tag tragen und wie dankbar Sie dafür sein können. Je weniger wir die Bedürfnisse der Füße achten, umso eher schmerzen sie im Alter. In jeder Lebensphase brauchen die Füße genügend Raum und Freiheit, damit unser Handeln »Hand und Fuß« haben kann. Respektvollen Umgang und sorgfältige Pflege werden mit lebenslanger Beweglichkeit belohnt.

ÜBUNG A FÜR DAS WOCHENENDE
30 Minuten

Ankommen nach einem unruhigen Tag

◆ Stellen Sie sich barfuß auf das Handtuch und führen Sie rund fünf Minuten im Stehen die Grounding-Übung von Seite 71 durch. Sollte Ihnen das Stehen unangenehm sein, können Sie die Atemübung auch im Sitzen oder Liegen machen.

◆ Nach dem Grounding setzen Sie sich so entspannt wie möglich hin und prüfen noch einmal mit den Händen die Wassertemperatur, bevor Sie die Füße in das heiße Bad eintauchen. Schicken Sie all Ihre Aufmerksamkeit zu den Empfindungen in den Füßen und Unterschenkeln. Spüren Sie, wie das Blut in die Füße fließt, wie es prickelt und die Muskeln sich entspannen. Nehmen Sie dabei auch Ihren Atem wahr und betrachten Sie auftauchende Gedanken wie Wolken, die am weiten Himmel Ihres grenzenlosen Geistes dahinziehen und von Ihnen bemerkt, aber nicht verfolgt werden.

◆ Behalten Sie die Füße mindestens fünf Minuten, gerne länger im Wasser. Nehmen Sie dann einen Fuß heraus, trocknen Sie ihn ab und schlagen ihn in ein Handtuch ein, damit er schön warm bleibt.

◆ Nehmen Sie den anderen Fuß aus dem Wasser und trocknen Sie ihn sorgfältig ab. Legen Sie den Fuß dann entweder auf Ihren Oberschenkel oder über eine Sessellehne, sodass Sie den Fuß gut eincremen und massieren

(Fortsetzung nächste Seite)

(Fortsetzung von Seite 73)

können. Geben Sie sich jetzt wiederum mindestens fünf Minuten pro Fuß eine ausführliche Fußmassage. Kneten Sie die Fersen, drücken Sie mit den Daumen fest die Fußsohlen ab, reiben Sie jeden einzelnen Zeh von allen Seiten durch und streichen Sie mit dem cremigen Zeigefinger auch wiederholt durch die Zehenzwischenräume, vor und zurück.

◆ Entdecken Sie Ihren Fuß so, als würden Sie ihn zum ersten Mal sehen, und kneten Sie ihn so, wie es sich gut anfühlt.

◆ Wenn Sie das mit beiden Füßen gemacht haben, gehen Sie entweder gleich ins Bett oder – wenn Sie noch nicht schlafen möchten – schlagen Sie die Füße und Beine in eine Wolldecke ein und entspannen Sie noch eine Weile auf der Couch.

Übung B zum Wochenende

Die folgende Übung ist für den zweiten Wochen-Durchlauf der Geduldsübung gedacht. Da Sie sich schon eine Weile mit Unruhe und Ungeduld beschäftigt haben, ist Ihnen sicher öfter aufgefallen, wann es Ihnen an Geduld mangelte. Plötzlich sind wir fahrig in unseren Bewegungen, stoßen ein Gefäß um, lassen etwas fallen, schneiden uns in den Finger und merken erst durch diese Unachtsamkeit, dass dahinter die Ungeduld steckt, die uns wieder einmal den Unterschied zwischen Vorstellung und Wirklichkeit vor Augen führt. Im Denken funktioniert alles viel schneller und perfekter als in der Realität. Wenn Menschen mit Gegenständen hantieren, kommt es laufend zu unerwarteter Reibung, zu Verzögerungen und Schwierigkeiten, die in der Vorstellung nicht eingeplant waren. Erinnern wir uns daran, dass allen Seiten am besten gedient ist, wenn wir Ruhe bewahren und den Dingen ihren Lauf lassen.

ÜBUNG B FÜR DAS WOCHENENDE
10 Minuten, Stift und Papier bereithalten

Wofür brauche ich Geduld?

- Nehmen Sie sich einen Stift und Papier und ergänzen Sie zunächst den folgenden Satz zehnmal in Ihrem Übungsheft oder Tagebuch.

Wenn ich mehr Geduld hätte, dann würde ich …

(Zum Beispiel: … meinen Schreibtisch aufräumen, … meine Kontoauszüge abheften, … das Fahrrad selbst reparieren …)

- Nachdem Sie zehn Möglichkeiten aufgeschrieben haben, Ihre Geduld zum Ausdruck zu bringen, wählen Sie eine davon aus, die Sie in die Tat umsetzen werden – in einem gemächlichen Tempo, zu einem Zeitpunkt, wo es nicht wehtut, oder auch Schritt für Schritt, nur jeden Tag zehn Minuten lang.

- Schreiben Sie Ihr Vorhaben in Ihr Notizbuch, auch die Zeit, die Sie dafür einplanen. Nehmen Sie sich mehr Zeit, als Sie voraussichtlich brauchen, damit Sie häufig innehalten und Ihr Mantra sagen können.

- Achten Sie bei der Durchführung auf Ihr Körperempfinden, damit Sie wirklich entspannt bleiben und nicht unter Druck geraten.

Wochenmitte: Kontemplativer Rückblick

Dieses Innehalten in der Wochenmitte richten Sie jede Woche ein, um der Thematik näher zu rücken. Auch wenn das Hindernis Unruhe für Sie unergiebig zu sein scheint – kneten Sie es, betasten Sie es, malen Sie es, singen Sie ein Lied darüber. Kontemplieren Sie bei Ihrem Rückblick bei der ersten Frage besonders Ihre körperlichen Reaktionen und Empfindungen: Streichen Sie sich vielleicht dauernd die Haare aus der Stirn? Oder kauen Sie ständig Kaugummi? Entdecken Sie eventuell subtile Formen von Erregung, die Ihnen gar nicht angenehm sind, ein inneres Flattern, eine Aufregung bei der Begegnung mit der Chefin? All das gehört auch zum Hindernis Unruhe und möchte ergründet werden. Legen Sie sich wieder Stift, Tagebuch und den Kurzzeitwecker bereit. Kontemplieren Sie für einige Minuten die folgenden Fragen und machen Sie sich danach Ihre Notizen.

Rückblick zur Wochenmitte

◆ In welchen Momenten bin ich in den vergangenen Tagen der Herausforderung Unruhe begegnet?

◆ Wie gehe ich mit den Zeichen der Unruhe um?

◆ Habe ich an mein Mantra gedacht, es aktiv angewendet? In welchen Situationen war das hilfreich?

Die Übungen zur Wochenmitte

Im Anschluss an Ihren kontemplativen Rückblick können Sie nun die folgenden Übungen machen und tiefer in das Thema Unruhe und Geduld einsteigen. Für Übung A brauchen Sie ein wenig Vorbereitung, da Sie Ihre CD-Sammlung nach Musik durchgehen müssen, die eine ausgesprochen entspannende Wirkung auf Sie hat. Vielleicht möchten Sie sich entsprechende Klänge auch erst besorgen.

ÜBUNG A FÜR DIE WOCHENMITTE
20 Minuten, meditatives Sitzen

Mit Musik zur Ruhe kommen

◆ Welche Musik hat eine besonders beruhigende Wirkung auf Sie? Hören Sie diese Musik wie eine Meditation in entspannter Haltung.

◆ Nehmen Sie hin und wieder wahr, wie Ihr Atem fließt und was Sie in Ihrem Körper fühlen. Lassen Sie den Körper wirklich zur Ruhe kommen, indem Sie sich tiefer und tiefer entspannen und ganz ruhig sitzen.

◆ Wenn Sie bemerken, dass Sie in Gedanken abschweifen, kehren Sie stets zum Hören zurück.

◆ Spüren Sie, wie Klang und Rhythmus auf Ihr Wohlbefinden wirken. Kommen Sie mit allen Sinnen im gegenwärtigen Moment an.

Übungen B zur Wochenmitte

Als erste Übung B suchen Sie sich einen Ort der Ruhe. Auch wenn Sie sich gegenwärtig gar nicht besonders unruhig fühlen, tut es gut, einen Platz zu suchen, der eine stark beruhigende Wirkung auf Sie ausübt. Wir machen uns dadurch bewusst, wie Umwelteinflüsse und sinnliche Erfahrungen unser inneres Erleben beeinflussen.

ÜBUNG B FÜR DIE WOCHENMITTE
30 Minuten, meditatives Sitzen

Einen Ort der Ruhe finden

- ◆ Denken Sie darüber nach, wo Sie in Ihrem Umfeld einen Ort der Ruhe finden. Gibt es eine Kirche, einen alten Baum im Park, einen Bach, an dem Sie eine halbe Stunde friedvoll sitzen und Ihrem Atem lauschen können?

- ◆ Suchen Sie diesen Ort auf und machen Sie dort Ihre Sieben-Punkte-Meditation. Welche Auswirkung hat der Ort auf Ihre innere Erfahrung?

Als zweite Übung B schenken Sie jemandem Ihre achtsame Zuwendung. Wenn es gelingt, im Miteinander zur Ruhe zu kommen, fühlen wir uns besonders beschenkt. Setzen Sie sich im Kreis der Familie oder mit einer guten Freundin hin, um Musik zu hören oder um sich gegenseitig zu pflegen. Anderen liebevolle Aufmerksamkeit zu schenken, öffnet uns das Herz.

ÜBUNG B FÜR DIE WOCHENMITTE
30 Minuten

Geduld und Aufmerksamkeit verschenken

◆ Überlegen Sie, wer von Ihren Lieben sich über eine Fußmassage freuen würde. Sie können vorher noch ein heißes Fußbad anbieten oder einfach nur die Füße in Ihren Schoß nehmen und ausgiebig kneten.

◆ Achten Sie darauf, gelöst und entspannt zu sitzen, denn nur wenn Sie sich selbst wohlfühlen, können Sie anderen Entspannung vermitteln.

Zweites Wochenende Samstag: Kontemplativer Rückblick

Zum Wochenende machen Sie wieder den kontemplativen Rückblick, kontemplieren die folgenden Fragen und schreiben danach Ihre Antworten auf. Überlegen Sie bei der letzten Frage, worauf Sie in der kommenden Woche im Umgang mit Ihrem Mantra mehr achten wollen. Gibt es Situationen, in denen Sie sich immer wieder unsicher fühlen, wo Sie Ihr Mantra bräuchten, aber vergessen, es anzuwenden, und deshalb von vornherein mehr Wachsamkeit aufbringen möchten? Benennen Sie die Problembereiche, die zukünftig mehr Aufmerksamkeit bekommen sollten. Wenn Sie mit dem Rückblick fertig sind, können Sie wieder das Thema der letzten Woche wiederholen und sich die Übung B vornehmen. Wenn Sie lieber das nächste Thema aufgreifen, lesen Sie sich in das folgende Kapitel ein.

Rückblick zum Wochenende

◆ In welchen Momenten bin ich in den vergangenen Tagen der Herausforderung Unruhe begegnet?

◆ Wie gehe ich mit den Zeichen der Unruhe um?

◆ Habe ich mein Mantra aktiv angewendet? In welchen Situationen war das hilfreich?

Begeisterung wecken

Fünfte bis sechste Woche

Nachdem Sie die Geduld aus verschiedenen Perspektiven erkundet haben, werden Sie in der kommenden Woche nach dem zündenden Funken Ausschau halten, der Sie in Bewegung setzt. Begeisterung ist das Heilmittel für Trägheit, ein Hindernis, das wir auf den ersten Blick oft gar nicht erkennen, weil wir es mit Komfort verwechseln oder als Faulheit ablehnen.

Erstes Wochenende Sonntag: Meditative Achtsamkeitsübung

Trägheit möchte jedoch differenziert verstanden werden als die Kraft, die sich uns in den Weg stellt, wenn wir uns etwas vornehmen und dann nicht vollenden. Erkunden Sie, wie sich die Trägheit bei Ihnen persönlich bemerkbar macht, und finden Sie ein zündendes Mantra zum Ausgleich, das Sie über die kommende Woche trägt.

Genießen Sie weiterhin täglich die Zeit der Stille mit Ihrer Achtsamkeitsmeditation. Achten Sie darauf, dabei auch das körperliche Umfeld der sieben Punkte zu erspüren, und genießen Sie es, Ihren Atemraum zu erkunden.

MEDITATIVE ACHTSAMKEITSÜBUNG

15 Minuten täglich, meditative Haltung

Die Ateminsel definieren

◆ Richten Sie das Licht Ihrer Aufmerksamkeit bei der Sieben-Punkte-Meditation um jeden der Punkte herum auf den ganzen Körperbereich. Fragen Sie sich dabei immer wieder: »Könnte ich noch etwas nachgiebiger sein, mich tiefer entspannen?«

◆ Beginnen und beenden Sie weiterhin die Meditationsphasen mit Ihrem aktuellen Mantra. Allmählich stabilisiert sich die Struktur in Ihrem Geist.

◆ Versuchen Sie, diese Woche täglich 15 Minuten zu meditieren. Sollte Sie das unter Druck setzen, bleiben Sie bei der bisherigen Länge und warten Sie, bis Sie selbst die Bereitschaft verspüren, länger zu sitzen.

◆ In Ergänzung zu den sieben Punkten haben Sie in der letzten Woche erste Aufmerksamkeit auf den Atem gerichtet. Nun wird dieses neu wachsende Achtsamkeitsfeld noch ein wenig erweitert, damit Sie sich mit dem Atem allmählich ebenso vertraut fühlen wie mit den sieben Punkten.

◆ Kennen Sie schon den Bereich im Körper, wo der Atem am einfachsten und deutlichsten zu spüren ist? Richten Sie jetzt in den beiden Minuten

(Fortsetzung nächste Seite)

(Fortsetzung von Seite 85)

zwischen den Durchläufen der Sieben-Punkte-Meditation Ihre Aufmerksamkeit immer wieder auf diesen Bereich im Körper. Bleiben Sie dabei ganz entspannt, ohne jegliche Erwartung an den Atem. Dieser Ort, wo der Atem so einfach und deutlich fühlbar ist, wird Ihre Insel, auf der Sie sich niederlassen, wenn Sie zum Atem hinschauen. Das wache Spüren des Atems ist dabei die Hauptsache.

◆ Verurteilen Sie sich nicht, wenn Ihre Gedanken abschweifen – dieses Phänomen ist allen Meditierenden bekannt. Entscheidend ist, dass Sie Ihre Kraft zum achtsamen Zurückkehren stärken. Damit bauen Sie Ihre Zugangskonzentration auf, die Vorstufe zur vollen Konzentration.

◆ Sobald Sie bemerken: »Ich bin ja in Gedanken verloren, ich weiß gar nicht mehr, bei welchem Punkt ich zuletzt war«, kehren Sie entschieden und entspannt zum ersten Punkt zurück und beginnen einen neuen Durchlauf. Selbst wenn Sie während der Übungszeit zwanzigmal und öfter von vorne beginnen müssen – erinnern Sie sich daran, dass jede Meditationsphase anders verläuft, registrieren Sie Ihre Zerstreutheit und kehren Sie erneut zu Ihrem Meditationsobjekt zurück.

◆ Im Wesentlichen entspricht der Übungsablauf dem der letzten Woche, mit dem Unterschied, dass Sie Ihre Ateminsel definiert haben und nun Ihre Aufmerksamkeit durch kontinuierliches Üben auf dieser Insel Halt findet.

Die Herausforderung: Trägheit

Auf die eine oder andere Weise ist wohl jeder schon einmal diesem lähmenden Hindernis begegnet. Wer davon stark beeinflusst wird, schätzt seinen bequemen Alltagstrott, fürchtet sich vor allem Neuen, kommt leicht ins Grübeln und neigt schlimmstenfalls zu Depressionen. Bei anderen wirkt Trägheit vielleicht nur wie ein Anfall von Faulheit, der dazu führt, dass sie ausnahmsweise mal montags blaumachen. Trägheit beeinträchtigt die Schaffenskraft und macht uns lustlos, apathisch und faul. Wenn dieses Hindernis in unserem Geist wirkt, können wir uns nicht aufraffen, eine Aufgabe zu bewältigen, obwohl wir die körperliche Kraft und die intellektuellen Fähigkeiten dazu hätten. Trägheit kennt keine Selbstüberwindung und daher auch keine Wohltätigkeit, denn in diesem Zustand denken wir nicht daran, uns für Schwächere einzusetzen. Sie lässt die Freude daran nicht aufkommen, die uns erfasst, wenn wir uns einen Ruck geben, um anderen Gutes zu tun.

Komfortzonen-Lethargie

Im trägen Dasein fehlt jegliche Antriebskraft. In seiner milderen Ausprägung ist keine Energie vorhanden, um aus den Alltagsgewohnheiten auszubrechen. Wir bleiben lieber bei unserem bewährten Trott, obwohl wir dabei Fett ansetzen, kurzatmig und immer unbeweglicher werden. Trägheit hält uns davon ab, aus unserer Komfortzone auszusteigen und auch mal unangenehme Arbeit anzupacken. Wie ergeht es Ihnen eigentlich in unbequemen Situationen? Überprüfen Sie es: Laufen Sie einfach mal die Treppen zu Fuß hoch, riskieren Sie in einem schwierigen Gespräch Reibung, statt Harmonie vorzutäuschen, ziehen Sie eine Hose an, die leicht zu eng ist und Sie daran erinnert, heute auf die Extras zu verzichten. Schauen Sie genau hin, wie schnell Sie ungehalten und genervt sind. Machen Sie aber keine Regel aus diesen Anregungen. Es geht nicht darum, sich täglich Unannehmlichkeiten zu bereiten, sondern darum, aufzuwachen und präsent zu bleiben. Wir sollten nicht davon

DIE ÜBUNGEN IM ÜBERBLICK

Erstes Wochenende:

◆ Meditative Achtsamkeitsübung (15 Min., S. 85)

◆ Ein Mantra für freudige Kraft entwickeln (20 Min., S. 91)

◆ Übung A: Die eigene Komfortzone ergründen (15 Min., S. 93)

◆ Übung B: Der Trägheit ein Schnippchen schlagen (10 Min., S. 94)

Wochenmitte:

◆ Kontemplativer Rückblick zur Wochenmitte (20 Min., S. 95)

◆ Übung A: Prioritäten setzen (S. 97)

◆ Übung B: Energie entwickeln (20 Min., Seite 99)

Zweites Wochenende:

◆ Kontemplativer Rückblick zum Wochenende (20 Min., S. 100)

Ergänzende Übungen aus »Buddhas Anleitung zum Glücklichsein«:

◆ Wahrnehmen der Trägheit (20 Min., S. 80)

◆ Zehn Aktivitäten, die Kraft spenden (20 Min., S. 87)

◆ Zwischenschritte definieren (20 Min., S. 89)

abhängig sein, dass Unangenehmes immer sofort beseitigt werden muss. Durch Übung erwerben wir die Frustrationstoleranz, die wir brauchen, um gewünschte Ziele zu erreichen.

Trägheit nicht mit Muße verwechseln

Wenn Sie nach besten Kräften gearbeitet haben und eine Stimme in sich hören, die sagt: »Nun ist es aber genug, leg mal die Beine hoch und ruhe dich aus!«, dann ist das keine Trägheit, sondern Muße. Diese Erholungszeit gönnen wir uns, wenn genug erledigt ist, wenn wir allen Grund haben, uns auszuruhen und keine weiteren Anforderungen zu stellen. Trägheit verhindert das Tätigsein, während Muße es nährt, denn sie entlässt uns aus dem ständigen Streben und »Machen-Müssen« und bildet so den gesunden Ausgleich zum Tätigsein. Mit dem lähmenden Geisteszustand der Trägheit hat sie nichts gemeinsam. Nehmen Sie sich in den folgenden Wochen Zeit, mithilfe der Übungen die Trägheit in Ihrem Leben zu erkunden. Egal, was Sie dabei erleben, verurteilen Sie sich nicht.

Trägheit findet häufig hinter verschlossenen Türen statt, und deshalb glauben wir, dass nur wir allein davon betroffen sind. Dabei wird jeder mal von Trägheit befallen, und das ist ganz normal. Wichtig ist nur, dass wir diese Geisteshaltung wahrnehmen, damit sie sich nicht verselbstständigt und uns unbewusst im Griff hält. Denn ich stelle immer wieder fest, dass die meisten Menschen eine besonders starke Abneigung gegen Trägheit hegen und gerade dieses Thema gern verdrängen. Vielleicht ist es die Trägheit selbst, die verhindern möchte, dass sie erkannt wird.

Die ausgleichende Kraft: Begeisterung

Manchmal bringe ich mich dazu, ungeliebte Arbeiten, die ich vor mir her schiebe, anzugehen, indem ich mir sage: »Und danach darfst du dann sofort dies und das machen«. Ich bringe mich in Schwung durch die Aussicht auf Verlockendes. Daran sieht man schon – es ist nicht Energiemangel, es ist reine Unlust, die da wirkt. Wenn wir an etwas wirklich interessiert sind, wenn wir uns für etwas begeistern können, folgt die Kraft ganz von selbst. Es geht also immer wieder darum, innerlich zu der Aufgabe, die vor uns liegt, Ja zu sagen. Doch wie können wir Interesse für etwas entwickeln, das uns langweilig erscheint? Wir müssen im Leben häufig durch Phasen hindurch, in denen sich keinerlei Anreize bieten. Es macht nun mal keinen Spaß, die Wäsche zu waschen, seine Unterlagen für die Steuer zusammenzustellen, den Zahnarzttermin wahrzunehmen … Wie kann man dem Unangenehmen etwas abgewinnen? Eine Möglichkeit wäre, so zu tun, als ob Sie es noch nie zuvor gemacht hätten. Sie könnten sich auch spielerisch einreden: »Es ist eine echte Auszeichnung, dass ich jetzt die Treppe putzen darf!« Oder Sie stellen sich vor, wie liebend gern Sie die Steuerunterlagen durchgehen würden, wenn Sie jetzt im Krankenhaus liegen müssten und sich nicht bewegen könnten. Immer wenn Sie Widerwillen in sich spüren, halten Sie Ausschau nach neutralen Gefühlen und angenehmen Empfindungen, während Sie das Unangenehme erledigen. Denken Sie an etwas, das Sie mit Begeisterung erfüllt, hören Sie dabei Musik, die Ihr Feuer weckt, und singen Sie mit. Erlauben Sie dem Gefühl der Trägheit nicht, Ihren Geist und Ihr Herz ganz auszufüllen. Daneben ist immer noch Platz für anderes: Freuen Sie sich an Ihren Hobbys, achten Sie auf das Funkeln in den Augen Ihrer Liebsten, genießen Sie die unerwartete Sinnesfreude, die im nächsten Moment auf Sie wartet – unsere Welt ist voller Überraschungen.

Erstes Wochenende Sonntag: Ein Mantra kontemplieren

Das Hindernis Trägheit ist dadurch gekennzeichnet, dass unsere Energie nicht ausreicht, um ein Ziel zu erreichen. Wir können zwar Wünsche, Prioritäten und Zielvorstellungen benennen, aber es fehlt uns der Elan zur Umsetzung. Wir machen vielleicht sogar ein paar gute Ansätze, doch dann brechen wir das Vorhaben ab. Es ist gut möglich, dass Ihnen das mit den Übungen in diesem Buch ebenso ergeht. Sie möchten sie eigentlich ausführen, Sie beginnen auch damit, doch dann versandet der Impuls. Das kommende Mantra soll Sie unterstützen, bei der Sache zu bleiben.

KONTEMPLATION
20 Minuten – Notizen machen

Mantra zur Stärkung von freudiger Kraft

- Legen Sie an Ihrem geschützten Ort Stift und Tagebuch bereit und kontemplieren Sie die folgenden Fragen jeweils fünf Minuten lang. Danach machen Sie sich kurz Notizen.

- Erinnern Sie sich an eine Situation in Ihrem Leben, in der Sie einmal große Begeisterung empfunden haben. Vielleicht war es auf einem Konzert oder bei einer Sportveranstaltung, vielleicht haben Sie eine unerwartet gute Nachricht erhalten. Sehen Sie sich selbst vor Ihrem inneren Auge in dieser herausragenden Freude. Spüren Sie dann in den Körper hinein. Wo fühlen Sie prickelnde Kraft, Expansion, den inneren Aufwind am deutlichsten?

- Können Sie all diese Gefühle, die Sie in einem Moment von Begeisterung spüren, mit einem Tier vergleichen, das ähnliche Empfindungen haben könnte? Welches Tier kommt Ihnen dabei in den Sinn? Vielleicht erleben Sie sich wie eine Lachmöwe, wie eine Tigermutter, einen springenden Delfin, ein über die Weide galoppierendes Fohlen?

- Schließen Sie nun die Augen für fünf Minuten und fühlen Sie in sich hinein mit der Frage:

Welches Tier verkörpert meine besten, freudigen Lebenskräfte?

(Fortsetzung nächste Seite)

(Fortsetzung von Seite 91)

◆ Sehen Sie das Tier in Bewegung! Möchten Sie eine bestimmte Eigenschaft des Tieres hervorheben? Dann fügen Sie ein Verb oder ein Eigenschaftswort hinzu oder erfinden Sie eine Wortverbindung, die nicht logisch sein muss:

Lachmöwe flieg!
Fauch-Tiger
tanz-bäro-tanz

◆ Schreiben Sie auf, was Ihnen in den Sinn kam: Meine tierische Begeisterung zeigt sich in den Worten ...

◆ Prüfen Sie nun Ihr Körpergefühl, wenn Sie diese Worte innerlich sprechen. Spüren Sie eine begeisternde Aktivierung, eine innere Aufwärtsbewegung oder Ausdehnung? Können diese Worte Ihr Mantra für die kommende Woche sein? Möchten Sie etwas ergänzen, abwandeln?

◆ Wiederholen Sie die Worte so lange, bis das Mantra für die kommende Woche stimmig erscheint, und schreiben Sie es dann dreimal in Ihr Tagebuch und in die folgenden Zeilen:

Die Übungen zum Wochenende

In unserer Trägheit richten wir uns häufig so wohlig ein, dass wir sie gar nicht bemerken. Wir verschmelzen geradezu mit ihr und nennen diesen Zustand Gemütlichkeit oder Komfort. Doch auf diese Weise entwickeln wir uns keinen Schritt weiter. Deshalb wollen wir nun mit den Übungen A und B unsere Komfortzone erforschen und schauen, was passiert, wenn wir uns über ihre Grenzen hinausbewegen.

ÜBUNG A FÜR DAS WOCHENENDE

15 Minuten, Stift und Papier bereithalten

Die eigene Komfortzone erkunden

- Beschreiben Sie in Ihrem Tagebuch fünf Minuten Ihre Komfortzonen. Benennen Sie Bereiche in Ihrem Leben, in denen Sie sich so eingerichtet haben, dass alles stets angenehm abläuft und nichts Sie stört.

- Fragen Sie sich: Welchen kleinen Schritt könnte ich heute machen, der mich über die Grenzen meiner Komfortzone hinausführt? Setzen Sie diese Idee gleich in die Tat um.

- Beispiel: Ich habe meine morgendliche Laufstrecke so eingerichtet, dass ich sie bequem absolvieren kann. Ein Schritt über die Komfortgrenze zu machen, würde bedeuten, diesmal eine Wegstrecke zu wählen, die etwas bergauf führt.

Der Trägheit ein Schnippchen schlagen

◆ Erkunden Sie, wie sich Trägheit bei Ihnen bemerkbar macht, indem Sie sich für diese Woche vornehmen: Immer wenn Sie etwas aufschieben wollen, erledigen Sie es sofort:

◆ Sie sehen, dass der Mülleimer voll ist, und tragen ihn hinaus. Dabei nehmen Sie auch gleich noch das Altpapier mit.

◆ Sie bemerken beim Autofahren, dass das Wasser in der Scheibenwaschanlage zur Neige geht, und halten bei der nächsten Tankstelle, um es aufzufüllen.

◆ Auf Ihrem Anrufbeantworter bittet ein Freund um Ihren Rückruf – Sie melden sich sofort, auch wenn Sie nur die Zeit haben, einen Termin für ein längeres Gespräch zu vereinbaren.

◆ Seit Wochen schieben Sie den Zahnarzttermin vor sich her – jetzt rufen Sie in der Praxis an und vereinbaren ihn.

◆ Schreiben Sie in Ihr Tagebuch mindestens fünf Dinge, die Sie im Laufe der Woche entgegen Ihren Gewohnheiten sofort getan haben.

Wochenmitte: Kontemplativer Rückblick

Die Kunst im Umgang mit Trägheit besteht darin, auf unserem Weg zum Ziel kleinere Etappen zu definieren, deren Bewältigung wir uns zutrauen können. Jedes Mal, wenn wir eine uns selbst gestellte Aufgabe erfüllen, und sei sie noch so klein, wächst unsere innere Zufriedenheit und Energie. In der buddhistischen Meditation heißt es: Zielgerichtete Aufmerksamkeit löst Trägheit auf. Diesen Hinweis können wir auch im Alltag nutzen. Widmen Sie sich nun aber erst einmal der folgenden Kontemplation, um Rückschau zu halten und daraus zu lernen. Kontemplieren Sie für einige Minuten die Fragen und finden Sie heraus, wie wach Sie im alltäglichen Umgang mit dem Hindernis Trägheit sind. Machen Sie sich danach Notizen. Schreiben Sie vor allem die Erfahrungen auf, die Sie mit Ihrem Mantra gemacht haben, und überprüfen Sie, ob Sie daraus Konsequenzen ziehen und es umformulieren möchten.

Rückblick zur Wochenmitte

◆ In welchen Momenten bin ich in den vergangenen Tagen der Herausforderung Trägheit begegnet?

(Fortsetzung nächste Seite)

(Fortsetzung von Seite 95)

◆ Wie gehe ich mit Trägheit um?

◆ Habe ich an mein Mantra gedacht? Fühlte es sich wirklich stimmig an oder möchte ich noch ein Wort verändern oder ergänzen? In welchen Situationen war das Mantra für mich hilfreich?

Die Übungen zur Wochenmitte

Letztlich geht es bei der Auseinandersetzung mit dem Hindernis Trägheit darum, zu erkennen, was uns am Aufwachen hindert, was uns davon abhält, regelmäßig Meditation zu praktizieren. Trägheit steht dem Erwachen im Wege. Wir brauchen viel Energie und Begeisterung, um auch die Durststrecken auf dem inneren Weg zu überdauern. Deshalb nutzen wir jede Gelegenheit, um Trägheit aufzulösen. Wir dürfen nur die Ziele nicht so definieren, dass wir an ihnen scheitern. Deshalb beginnen wir mit den kleinsten Einheiten, dem scheinbar Nebensächlichen im Alltag. Auch in dieser Wochenmitte stehen Ihnen wieder Übung A und B zur Auswahl, die Sie dabei unterstützen sollen, Trägheit mit Achtsamkeit zu erfassen.

ÜBUNG A FÜR DIE WOCHENMITTE
Stift und Papier bereithalten, meditatives Sitzen

Prioritäten setzen

◆ Wählen Sie bis zum kommenden Wochenende jeden Tag eine Aufgabe aus, die Sie auf jeden Fall erledigen möchten. Schreiben Sie am Morgen auf, was Sie sich vornehmen, und machen Sie am Abend einen Haken, wenn Sie Ihr Vorhaben erfüllt haben. Dann notieren Sie, welche Aufgabe Sie für den nächsten Tag ins Auge fassen.

◆ Ist es Ihnen nicht geglückt, Ihr Vorhaben umzusetzen, dann nehmen Sie mit Achtsamkeit wahr, wie Sie mit dieser selbst gestellten Aufgabe umgehen, welche Gefühle dabei hochkommen, wie Sie mit sich selbst sprechen. Setzen Sie sich innerlich unter Druck? Verurteilen Sie sich dafür, dass Sie

(Fortsetzung nächste Seite)

(Fortsetzung von Seite 97)

Ihr Vorhaben nicht abschließen konnten? War die Aufgabe vielleicht für Sie zu umfassend und unklar definiert und deshalb nicht lösbar? Könnten Sie Zwischenschritte einbauen und sich Hilfe holen?

◆ Klären Sie innerlich Ihre Widerstände und Ihre Aufgabenformulierung, bevor Sie diese Priorität erneut eintragen. Tragen Sie nur ein, was Sie auch wirklich leisten können und wollen! Je realistischer Sie Ihre Vorhaben einschätzen, desto eher gelangen Sie ans Ziel und umso wohler fühlen Sie sich mit sich selbst.

Übung B zur Wochenmitte

Manchmal ist es leichter, für andere Energie aufzubringen als für sich selbst. Dabei kann es um praktische Hilfeleistungen gehen wie eine Transporthilfe, aber auch um reines Mitdenken und ausführliches Zuhören. Auf jeden Fall ist Aufmerksamkeit eine kraftspendende Zuwendung. Nutzen Sie diese Erkenntnis, denn wenn Sie erst einmal in Bewegung sind und wieder Freude am Tun gefunden haben, gehen auch die eigenen unangenehmeren Aufgaben leichter von der Hand. Letztlich stellt sich immer die Frage, was uns in Bewegung bringt. Beschreiben Sie bei der folgenden Übung in Ihrem Tagebuch alle Vorhaben möglichst ausführlich, denn das wirkt wesentlich nachhaltiger. Eine Kursteilnehmerin hatte sich beispielsweise einmal vorgenommen, bei einer bevorstehenden langen Zugreise mit ihren Mitreisenden zu sprechen. Als sie dann im Zug saß, dachte sie gar nicht mehr an diese Absicht. Es geschah einfach. Sie führte ein überaus anregendes, langes Gespräch mit ihrer Sitznachbarin. Erst im Nachhinein fiel ihr ein, dass Sie dieses Vorhaben in ihrem Tagebuch notiert hatte. Das Aufschreiben wirkt zuweilen wunderbar!

ÜBUNG B FÜR DIE WOCHENMITTE
20 Minuten, Stift und Papier bereithalten

Energie entwickeln

- Denken Sie darüber nach, wem Sie im Laufe dieser Woche Aufmerksamkeit schenken könnten.

- Benennen Sie fünf bis sieben Personen und beschreiben Sie in Ihrem Tagebuch, in welcher Form Sie diese Menschen mit Ihrer Aufmerksamkeit unterstützen können. Denken Sie nicht, Sie sollten nun alles sogleich umsetzen. Es geht in erster Linie darum, zu erkennen, wie viele Möglichkeiten es gibt, um für andere aktiv zu werden.

- Betrachten Sie diese Übung als Brainstorming und lassen Sie Ihrer Fantasie freien Lauf.

- Wählen Sie schließlich eine Person aus, die in den nächsten Tagen in den Genuss Ihrer Aufmerksamkeit kommen soll.

Zweites Wochenende Samstag: Kontemplativer Rückblick

Immer wieder stellt sich die Frage: »Wie kann ich all das, was ich im Laufe dieses Übungsprogrammes über mich erfahre, mit Wohlwollen und Freundlichkeit betrachten«? Versuchen Sie, sich selbst nicht böse zu sein, sondern konstruktiv zu denken: Wenn dies oder jenes nicht klappt, wie könnte dann eine realisierbare Lösung aussehen? Wenn wir den eigenen Fehlern gegenüber verständnisvoller werden, wirkt sich das auch positiv auf den Umgang mit unseren Mitmenschen aus. Ziehen Sie nun wieder ein Fazit der vergangenen Woche, kontemplieren Sie für einige Minuten die folgenden Fragen und machen Sie sich danach Ihre Notizen. Worauf möchten Sie in der kommenden Woche allgemein und speziell im Umgang mit dem inneren Motto mehr achten? Beobachten Sie gewisse Einfalltore für Unachtsamkeit? Sagen Sie zu schnell Ja bei bestimmten Freunden? Wirft es Sie aus der Spur, wenn Sie zu wenig schlafen oder wenn Sie zu viele Kundentermine ausmachen? Notieren Sie zu erwartende Schwierigkeiten in Ihrem Tagebuch und schreiben Sie auch auf, mit welcher positiven Energie Sie diesen Herausforderungen begegnen werden. Seit Sie achtsamer mit Ihrem Atem sowie Ihren Körperempfindungen sind und regelmäßig innehalten, sind Sie auch klarer in Ihren Wünschen und Abgrenzungen. Je realistischer Sie Ziele formulieren, desto weniger trifft Ihr Wollen auf innere Gegenwehr und kann sich leichter durchsetzen.

Rückblick zum Wochenende

◆ In welchen Momenten bin ich in den vergangenen Tagen der Herausforderung Trägheit begegnet?

◆ Wie gehe ich mit Trägheit um?

◆ Habe ich an mein Mantra gedacht, es aktiv angewendet? In welchen Situationen war das hilfreich? Wie fühlte sich die positive Erfahrung im Körper an?

Das Gleichgewicht wahren

Siebte bis achte Woche

Das Verlangen ins Gleichgewicht bringen

In diesem Kapitel widmen wir uns einer Herausforderung, die uns wahrscheinlich alle bis zum Lebensende begleiten wird. So wie das Atmen gehört das Verlangen zum menschlichen Dasein. Wir können es nicht völlig abschaffen. Wir sollten aber seine Macht erforschen, damit es uns nicht beherrschen kann.

Erstes Wochenende Sonntag: Meditative Achtsamkeitsübung

Wenn es uns gelingt, in der Auseinandersetzung mit den Kräften des Verlangens ein inneres Gleichgewicht zu schaffen, dann können wir freier und selbstbestimmter leben. Lesen Sie sich an diesem Wochenende wieder in die Thematik dieses Hindernisses ein, bis Sie zur Wochenmitte kommen. Dann entwickeln Sie ein inneres Mantra, das ausgleichend auf Ihre Wahrnehmungen des Verlangens wirken kann.

Praktizieren Sie wieder Ihre tägliche Sieben-Punkte-Meditation, die den Fokus nun noch stärker auf die Atemachtsamkeit legt. Entspannt zu üben ist eine Voraussetzung für die wohltuende Wirkung der Meditation. Überprüfen Sie wiederholt, ob Sie sich noch tiefer entspannen können, ob es Bereiche im Körper gibt, die Sie unnötig festhalten. Oder gibt es noch etwas ganz anderes, das Sie verbessern könnten, damit die Achtsamkeitsübung zu einer Wohltat für Sie wird? Sorgen Sie dafür, dass diese Meditationszeit zu einem täglichen Ritual wird, das Ihnen Freude macht.

DIE ÜBUNGEN IM ÜBERBLICK

Erstes Wochenende:

- Meditative Achtsamkeitsübung (15 Min., S. 106)
- Ein Mantra für Großzügigkeit formulieren (20 Min., S. 114)
- Übung A: Verlangen differenzieren (20 Min., S. 116)
- Übung B: Essmeditation (30 Min., S. 118)

Wochenmitte:

- Kontemplativer Rückblick zur Wochenmitte (20 Min., S. 120)
- Übung A: Vergänglichkeit in Beziehungen akzeptieren (20 Min., S. 122)
- Übung B: Wertschätzung verschenken (S. 123)

Zweites Wochenende:

- Kontemplativer Rückblick zum Wochenende (20 Min., S. 124)

Ergänzende Übungen aus »Buddhas Anleitung zum Glücklichsein«:

- Verlangen erkennen (S. 100)
- Vergänglichkeit erkennen (30 Min., S. 105)
- Großzügig sein (30 Min., S. 115)

MEDITATIVE ACHTSAMKEITSÜBUNG

15 Minuten täglich, meditative Haltung

Die Atemachtsamkeit verlängern

◆ Sprechen Sie zu Beginn der Meditationsphase etwa 5-mal Ihr Wochen-Mantra und zum Abschluss ebenso.

◆ Bleiben Sie nun beim Meditieren bei der Gesamtlänge von 15 Minuten und verlängern die Achtsamkeit für den Atem zwischen den Durchläufen auf drei bis vier Minuten.

◆ Machen Sie sich keine Gedanken über die exakte Dauer. Ich gebe Ihnen damit nur einen Hinweis auf die Gewichtung, die die Atemwahrnehmung nun bekommt. Allmählich nimmt sie mehr Raum ein als die Sieben-Punkte-Meditation, die zunehmend in den Hintergrund rückt. Checken Sie jedoch wiederholt, welche Bereiche im Körper Sie noch mehr ent-spannen könnten.

◆ Ihre innere Aufmerksamkeit findet jetzt Halt auf der Ateminsel. Sie spüren das Einatmen und das Ausatmen, so genau es geht. Wenn Sie merken, dass der Atem bei so viel Beachtung in Bedrängnis gerät, kehren Sie frü-her zu den sieben Punkten zurück. Tut Ihnen das Verweilen beim Atem wohl, dehnen Sie die Zeiten der Atemwahrnehmung noch weiter aus.

Die Herausforderung: Verlangen

Wenn ich zurückschaue auf meine Jugend, dann schmerzt es mich zu sehen, wie häufig ich von Verlangen getrieben war. Oftmals habe ich mich in Situationen gebracht, die ganz ungut hätten ausgehen können. Ich erinnere mich zum Beispiel an einen Griechenlandurlaub, in dem ich mich mitten in der Nacht als Anhalterin zu fremden, betrunkenen Männern ins Auto gesetzt habe, nur um einen neuen Flirt in der Disco des nächsten Dorfs zu treffen. Ich kann im Nachhinein beim besten Willen nicht sagen, was ich mir dabei gedacht habe – vermutlich gar nichts. So hat mich mein Schutzengel wohl häufiger vor Schaden bewahrt als mein eigener Verstand.

Wie viel Geld habe ich vergeudet, weil das Verlangen mich regierte ... Das sündhaft teure Kostüm, das mir im Laden noch unübertrefflich erschien, hing Jahre als Staubfänger in meinem Kleiderschrank und machte mir ein schlechtes Gewissen, bis ich es schließlich in die Kleidersammlung gab. Das Geld für diesen Fehlkauf hätte ich lieber verschenken sollen! Was hat meine Entscheidungen beeinflusst? Warum konnte ich mich gegenüber meinem eigenen Verlangen nicht abgrenzen? Warum gelang es mir nicht, Nein zu sagen oder wenigstens noch eine Nacht über die Entscheidung zu schlafen?

Diese Fragen stellen sich viele im Nachhinein, wenn etwas geschehen ist, das sie lieber vermieden hätten. Wie tief müssen wir uns erst ins eigene Fleisch schneiden, bevor wir von vornherein etwas mehr Vernunft in die Waagschale werfen? Es sollte doch eigentlich möglich sein, schon früher aufzuwachen und sich weniger den zerstörerischen Kräften des Verlangens hinzugeben. Aber dafür müssen wir überhaupt erst einmal bereit sein, diese Kräfte in uns kennenzulernen. Wir müssen den Affengeist erforschen, der uns gefangen hält (siehe »Buddhas Anleitung« ab Seite 96). Wir brauchen die Bereitschaft, unserem Schatten ins Auge zu schauen. Das ist für niemanden angenehm – meist ist es beschämend und ernüchternd. Aber es wirkt heilsam, weil wir dadurch integrieren, was wir zuvor ausgrenzen wollten.

Immer genauer werden

Um uns erfolgreich mit der Kraft des Begehrens auseinandersetzen zu können, brauchen wir Aufmerksamkeit und Feinfühligkeit. Wenn wir uns zu sehr gängeln, wenn wir zu selbstkritisch sind, sperren wir uns innerlich gegen vernünftiges Verhalten. Ich verschloss mich zum Beispiel immer wieder gegen klügere Einsicht, weil ich zu hohe Ansprüche an mich selbst stellte und mir gegenüber zu streng war. Ich konnte mich vor meinen eigenen Ansprüchen nur retten, indem ich vollständig abschaltete. Das ist keine empfehlenswerte Strategie! Stattdessen ist es besser, zu versuchen, mitfühlend und genau zu sein. Wenn wir zum Beispiel bemerken, dass es uns heute wirklich aus dem Haus treibt, dann schauen wir aufmerksam hin: Was erleben wir im Körper (Unruhe, Durst, Hunger, Lust auf Sex), welche Bilder zeigen sich im Geist (ein Bedürfnis nach Ablenkung und Begegnung mit Freunden), welche Gefühle bewegen uns (Einsamkeit, Sehnsucht)? Im klaren Bewusstsein über die verschiedenen Dimensionen unseres suchenden Getriebenseins fragen wir dann: »Wird es mir tatsächlich Erfüllung bringen? Suche ich den kurzen Rausch? Was würde es bedeuten, diesem Getriebensein nicht nachzugeben?«
Eine intelligente, verständnisvolle Verarbeitung aller inneren Impulse, Bilder und Antriebskräfte, verbunden mit der Fähigkeit, »Nein« sagen zu können – all das entwickelt sich Schritt für Schritt im achtsamen Umgang mit unserem Begehren. Nur das akzeptierende, genaue Hinschauen ermöglicht uns, die Mechanismen des Verlangens in uns zu erforschen. Dann erkennen wir auch, dass nicht jedes Verlangen ins Unglück führt, sondern es sehr heilsame Formen des Begehrens gibt.

Wohin führt das Verlangen?

Wir brauchen das Wissen um die Folgen des Verlangens, das Verständnis von Ursache und Wirkung, um unser Verlangen im Zaum zu halten. Innere Achtsamkeit ist eine Grundvoraussetzung dafür. Ein uns förderliches Verlangen

> Schaue in dich.
> Sei gelassen.
> Frei von **Furcht und Begehren**,
> erfahre die **süße Freude** des Weges.
>
> [Aus dem »Dhammapada«]

richtet sich auf kluge Selbstentfaltung, bringt Respekt für sich und andere mit sich und ist begleitet von Großzügigkeit, Dankbarkeit und innerem Frieden. Unheilsames Verlangen erkennen wir an den gegenteiligen Gefühlen: innere Zerrissenheit und Verzweiflung, Kleinlichkeit, Geiz, selbstsüchtiges Verhalten. An den Folgen unseres Verhaltens können wir erkennen, ob es eine glückliche oder eine zerstörerische Wirkung hat. Schauen wir uns konstruktive Formen des Begehrens an: Da ist der Wunsch nach Heilung, das Verlangen, endlich angstfrei zu leben, das Bedürfnis, für sich und die Seinen ein friedliches Zuhause zu schaffen, seine körperliche Gesundheit zu erhalten – all das sind sinnvolle Bestrebungen. Weiterhin ist der Wunsch nach Bildung förderlich sowie die Sehnsucht nach spiritueller Entwicklung. Diese Formen des Verlangens können wir unterscheiden von dem Verlangen, das uns in die Sucht führt und Konflikte mit sich bringt, uns kopflos macht und Beziehungen zerstört.

Starker Trieb – schwache Einsicht!

Wir müssen uns bewusst machen: Je stärker ein Trieb ist, desto mehr verhindert seine Intensität die Erkenntnis der unangenehmen Folgen. Der Wille, das Begehren verfälscht das Verständnis, wir betören uns dann selbst, verschließen uns vernünftigen Argumenten und finden immer wieder Ausflüchte.
Auch die nachträgliche Einschätzung der durchlebten Erfahrung, die Konse-

quenzen, die wir daraus ziehen, sind abhängig von unseren Triebkräften. Als junge Frau habe ich auch hinterher noch nicht erkannt, wie leichtsinnig ich mich verhalten hatte, weil mein Begehren mir wichtiger war. Wir müssen uns schon sehr gut selbst kennenlernen, um zu erfahren, wie viel Kraft wir brauchen, um uns dem eigenen Verlangen zu widersetzen.

Das Gegengewicht: Innere Sammlung und das Wissen um Vergänglichkeit

Der buddhistischen Lehre nach ist Verlangen die Kraft, die uns am stärksten beeinflusst. Unser ganzes Leben lang lernen wir, dieses wilde Tier in uns zu bändigen. Dabei helfen uns zwei Geisteskräfte: zum einen kontinuierliche Achtsamkeit, die sich zu innerer Sammlung verdichtet, zum anderen das Wissen um Vergänglichkeit, das dem Begehren die Kraft entzieht. Die sorgfältige Übung von Achtsamkeit entschärft mit der Zeit die Wirkung unseres unersättlichen Verlangens. Achtsamkeit hilft uns, verschiedene Formen des Begehrens zu unterscheiden. Wir sehen, wie es sich dauernd wandelt, auf immer neue Objekte zielt und gar nicht endgültig befriedigt werden kann. Genuss reiht sich an Genuss und soll sich ständig übertreffen? Das hat keine Zukunft und führt uns nur in den Überdruss.

Sammlung entsteht durch kontinuierliche Achtsamkeit

Sammlung (auch Konzentration genannt) bildet sich aus der Bereitschaft, von Moment zu Moment in großer Wachheit zu leben. Je achtsamer wir werden, desto mehr gelingt uns die Abgrenzung gegen Impulse, die uns von unserem Weg abbringen könnten. Wir lernen zu unterscheiden, welches Bedürfnis erfüllt werden möchte, damit wir an Stärke gewinnen, und welches Begehren besser umgelenkt wird auf sinnvollere Aktivitäten. Wenn wir uns um achtsames Wahrnehmen bemühen, brauchen wir einen freudigen Ansatz. Wir brauchen die klare Überzeugung, dass wir genau das tun, was wir tun möchten, und dass wir uns aus ganzem Herzen wünschen, das Verlangen mithilfe von Achtsamkeit zu durchleuchten.

Vergänglichkeit

In Buddhas Lehren wird als Gegengewicht zum Verlangen das Wissen um Vergänglichkeit eingebracht. So wie Benzin durch Feuer restlos verbrennt, werden durch die Erkenntnis von Vergänglichkeit die begehrlichen Kräfte im Geist gelöscht. Wie sollten wir uns abhängig machen wollen von etwas, das sich jeden Moment in Luft auflösen kann? Je mehr es uns gelingt, die Vergänglichkeit unserer Lustobjekte ins Bewusstsein zu rufen, umso schneller entzaubern wir ihre betörende Wirkung.

Das bewusste Erfahren unseres Körpers unterstützt die Einsicht in Vergänglichkeit. Berührung, Bewegung, Hitze und Kälte, Hunger und Durst – alles kommt und geht. Keine Freude, kein Leid dauert ewig. Die Achtsamkeit macht uns das unaufhörliche Entstehen und Vergehen aller Erfahrungen schmerzhaft deutlich. Wir verstehen, dass wir nur im Jetzt die Fülle des Lebens ermessen können. Festhalten und fixieren wollen bringt nichts, führt nur zu Kampf und Konflikt.

Erlerntes wieder verlernen

Die Kraft von Gewohnheiten wirkt im Positiven wie im Negativen, sie kann uns aufbauen oder entmutigen. Mich tröstet es, wenn ich mir ins Bewusstsein rufe, dass ich all die unpassenden Eigenschaften, die ich ablegen möchte, irgendwann einmal erlernt habe und daher auch wieder verlernen kann – durch regelmäßiges Üben, das allmählich zur Gewohnheit wird.

Wenn wir beispielsweise zu denjenigen gehören, die gern ihr Konsumverhalten nähren, können wir üben, das zu unterlassen – wir müssen nicht jedem Ess- oder Kaufimpuls sofort nachgeben, nicht jede Unannehmlichkeit sofort beseitigen, wir können unsere Komfortzonen auch mal verlassen und schauen, wie es sich lebt mit ein bisschen Reibung, mit einem Frühstück ohne knusprige Brötchen, mit einem Feierabend ohne Alkohol.

Gleichgewicht herstellen

Wenn dauerndes Begehren uns im Griff hat, üben wir uns im Fasten; wenn zu viel gefastet wird, üben wir uns im Genießen. Auf den Ausgleich, das innere Gleichgewicht kommt es an. Das innere Gleichgewicht aber erwächst aus dem Verstehen, aus dem Durchschauen der Dynamik zwischen innerem Widerstand und der ausgleichenden Kraft, die wir so leise und feinfühlig einbringen, dass die Widerstände einfach schmelzen müssen. »Auf der Straße des geringsten Widerstandes versagen die stärksten Bremsen«, hat der polnische Satiriker Stanislaw Jerzy Lec ganz treffend formuliert. In der Praxis sieht das etwa so aus: Wenn der Blick auf Begehrliches fällt, können wir unsere Aufmerksamkeit mit einem inneren Schmunzeln weiter lenken auf Vergängliches. Wenn uns auf der Heimfahrt im Bus der Anblick eines jungen Mannes betört, schauen wir auf die runzligen Hände des Alten, der neben uns sitzt, und dann auf die Kinderhände seines Enkels. Schon ist das Begehren umgelenkt in weises Verstehen. Vielleicht erschafft der Geist gleich einen neuen Traum: »Wenn ich ein Auto hätte, müsste ich in diesem Bus nicht so viel Zeit vergeuden – Ah, ich werde das Geld, das ich dadurch spare, bewusst beiseitelegen

> In eurer Sehnsucht nach eurem höchsten Ich
> liegt eure Güte:
> Und diese Sehnsucht
> ist in allen von euch.
>
> [Khalil Gibran]

und für etwas Sinnvolles ausgeben, für das ich sonst keinen Cent übrig hätte. Darüber denke ich jetzt mal nach ...« Schon ist wieder ein Wunsch umgeleitet auf Aktivitäten, die unser Wohl stärken.

Großzügigkeit ist die beste Medizin

Loslassen ist das Gegenteil von Verlangen. Loslassen kommt in Großzügigkeit zum Ausdruck. Wenn wir großzügig sind, bewegen wir uns auch im Einklang mit der Vergänglichkeit. Wir halten die Dinge und unseren Geist in Bewegung. Großzügigkeit ist eine Medizin gegen alle Formen der Starre und Einseitigkeit. Wer sich mit offenem Herzen auf das Geben einstimmt, macht sich damit auch empfangsbereit. »Lass los und gewinne« heißt ein Erfolgstitel bei GU. Kein Wunder, in diesem Mantra liegt eine Kraft, die sich jeder wünscht. Der Sufi-Weise Nasruddin ist sich dessen vollkommen bewusst! Eines Tages beobachtet er auf dem Markt einen reichen Händler, der verzweifelt nach seiner Geldbörse sucht. Schließlich stellt sich der Händler auf eine Obstkiste und ruft laut in die Menschenmenge: »Ich habe meine Geldbörse mit dreihundert Talern verloren. Dem ehrlichen Finder biete ich dreißig Taler!« Ohne langes Zögern ruft Nasruddin hinterdrein: »Ich biete das Doppelte!«

Erstes Wochenende Sonntag: Ein Mantra kontemplieren

Wir wollen an diesem Wochenende ein Mantra zum Thema Großzügigkeit entwickeln und damit beginnen, uns selbst gegenüber großzügig zu sein. Denn wir können davon ausgehen, dass sich dieses Verhalten automatisch auch auf unsere Einstellung zu anderen auswirkt. Mit Großzügigkeit uns selbst gegenüber untermauern wir in uns das Fundament des Guten. Wir stärken damit unsere Potenzial für Warmherzigkeit und Sanftmut und verfeinern unsere Lebensführung.

KONTEMPLATION
20 Minuten – Notizen machen

Mantra zur Stärkung von Großzügigkeit

Legen Sie Tagebuch und Stift bereit, nehmen Sie Ihre meditative Haltung ein und legen sich das Wort »Großzügigkeit« auf die Zunge. Bewegen Sie es fünf Minuten zur Einstimmung im Geist hin und her.

- Danach kontemplieren Sie zehn Minuten die Frage:

Wie kann ich mir selbst gegenüber Großzügigkeit zeigen?

- Notieren Sie sich eine Reihe von Beispielen, die Ihnen eingefallen sind.

- Was fühlen Sie im Körper, wenn Sie sich vorstellen, großzügig mit sich selbst zu sein? Vielleicht ist es, als ob die Sonne aufgeht, ein Strahlen huscht über Ihr Gesicht, die Haut dehnt sich aus am ganzen Körper, im Solarplexus wird es warm, die Bauchdecke entspannt sich. Wahrscheinlich zeigen sich bei Ihnen noch andere Empfindungen – spüren Sie genau hin!

- Finden Sie nun ein Symbol für diese im Körper gefühlten Reflexionen von Großzügigkeit. Setzen Sie sich nicht unter Druck, wenn die Körpergefühle ungenau erscheinen. Nehmen Sie das Symbol, das spontan vor Ihrem inneren Auge auftaucht, finden Sie ein Wort dafür und fühlen Sie noch einmal: Spüren Sie bei diesem Wort die Körperempfindungen, die unter der Überschrift »Großzügig mit sich selbst sein« in Ihnen geweckt wurden?

◆ Möchten Sie doch lieber noch ein anderes Symbol oder Wort nehmen?
Dann spüren Sie noch einmal nach.

◆ Nun fügen Sie dem Wort ein Verb hinzu, lassen Sie es großzügig handeln.
Ein Beispiel:
Ihr Symbol war eine 500-Euro-Note. Sie empfinden dabei Überfluss, Aus-
dehnung, fröhliche Offenheit. Sie sehen den 500-Euro-Schein im Wind
flattern. Welch ein Mantra ergibt sich daraus? Vielleicht:
»Alles fliegt mir zu.«
»Das gönn ich mir.«
»Beschenkt verschenk ich mich.«

◆ Sprechen Sie Ihr Mantra laut aus. Wenn es stimmig klingt, schreiben Sie
es mehrfach nacheinander auf – die endgültige Version begleitet Sie nun
durch die Übungswoche. Sie tragen dieses Mantra in Ihr Tagebuch ein, Sie
schreiben es auf Haftnotizen und umgeben sich an allen wichtigen Orten
damit. Sie sprechen es so oft wie möglich innerlich aus und nehmen es an
den Anfang sowie an das Ende des Tages und Ihrer Meditationsübungen.

Die Übungen zum Wochenende

Die Übung A, mit der Sie das Thema Verlangen vertiefen können, ist diesmal eine Kontemplation und möchte Sie anregen, sinnvolles und überflüssiges Verlangen voneinander zu unterscheiden. Setzen Sie sich wieder an Ihren geschützten Platz und legen Sie Stift und Papier bereit für die danach folgenden Notizen. Lesen Sie einmal den ganzen Ablauf dieser Übung durch, bevor Sie sich dann zehn Minuten lang schweigend und mit geschlossenen Augen auf die Frage unten konzentrieren.

ÜBUNG A FÜR DAS WOCHENENDE
20 Minuten, Stift und Papier bereithalten

Verlangen differenzieren

◆ Konzentrieren Sie sich auf die folgende Frage und achten Sie dabei auf Bilder und Gedanken im Geist und auf Körperempfindungen und Gefühle:

Wonach suche ich gegenwärtig in meinem Leben?

◆ Wenn Sie zehn Minuten mit dieser Frage gesessen haben, notieren Sie sich, was Ihnen besonders aufgefallen ist. Unterteilen Sie beim Aufschreiben die Ziele Ihres Strebens in zwei Gruppen:
1. Gruppe: Wünsche und Absichten, die auf materielle Dinge zielen, zum Beispiel: Suche nach einer Wohnung, einem Arbeitsplatz, einem Kindergartenplatz, einem Schrank für das Schlafzimmer …

2. Gruppe: nicht-materielle Absichten, Gefühle, innere Kräfte, Qualitäten im Kontakt mit anderen, zum Beispiel: Suche nach Nähe, Bestätigung, Entscheidungskraft, Lebendigkeit …

◆ Nachdem Sie notiert haben, wohin Ihr Verlangen Sie treibt, fragen Sie sich bei jedem der einzelnen Punkte:
»Werde ich meinen Nächsten und mir selbst damit Gutes tun? Ist es wertvoll, dieses Suchen auch weiterhin zu verfolgen?«

Übung B zum Wochenende

Neben dem sexuellen Verlangen gibt es kaum einen Bereich, in dem unser Begehren offensichtlicher wird als beim Essen. Wir gehen in ein Restaurant, bestellen ein appetitanregendes Menü und unterhalten uns dabei, lesen vielleicht Zeitung oder sehen fern. Kein Gedanke daran, was es alles an Überlegungen braucht, um den Speiseplan zusammenzustellen! Wie viel Mühe es macht, einzukaufen, immerzu ein- und auszupacken, in der Vorratskammer und im Kühlschrank Platz dafür zu schaffen, schließlich alles zuzubereiten. Jede Zutat, die auf unserem Teller landet, geht durch unzählige Hände, von der Ernte über den Transport zum Großhändler bis hin zur Küchenhilfe. Die fertige Mahlzeit wird kunstvoll auf dem Teller arrangiert, vom Kellner serviert, und innerhalb von zwanzig, dreißig Minuten ist alles aufgegessen. Vielleicht gibt es sogar noch kritische Bemerkungen darüber, wie es geschmeckt hat. Mit ein paar Euro haben wir das Gefühl, diesen ganzen Einsatz abgegolten zu haben? So viel Aufwand verdient doch ein wesentlich bewussteres Wahrnehmen und größere Wertschätzung!
Führen Sie bei Ihren Mahlzeiten in diesen kommenden Übungswochen einen Moment der Besinnung zum Beginn und zum Ende ein. Machen Sie sich vor

der Mahlzeit bewusst, wer alles dazu beigetragen hat, dass nun ein warmes Essen vor Ihnen steht, und danken Sie zum Schluss all den guten Geistern, die Sie wieder haben satt werden lassen.

Für die folgende Übung brauchen Sie etwas natürlich Gewachsenes, dass Sie gerne essen. Ich nehme als Beispiel einen Apfel. Sie können aber ebenso gut eine Birne, eine Tomate oder ein Salatblatt essen.

ÜBUNG B FÜR DAS WOCHENENDE

30 Minuten, meditatives Sitzen

Essmeditation

◆ Setzen Sie sich an einen ungestörten Ort und legen Sie den Apfel vor sich hin. Betrachten Sie seine Farbschattierungen und Formen. Können Sie ihn aus der Entfernung riechen? Läuft Ihnen das Wasser im Mund zusammen?

◆ Betrachten Sie den Apfel und rufen Sie sich ins Bewusstsein, wie viel Aufmerksamkeit er beim Wachsen brauchte: Vielleicht musste der Baum regelmäßig bewässert und vor Schädlingen geschützt werden. Schließlich wurde der Apfel gepflückt, verpackt, im Fahrzeug verstaut, an einen anderen Ort transportiert, vom Großhändler ausgepackt, auf dem Markt angeboten und vom Gemüsehändler ausgesucht, noch einmal eingepackt und im Laden ins Regal gebracht. Vielleicht haben Sie ihn aber auch gerade erst vom Baum gepflückt und gewaschen?

◆ Nun nehmen Sie den Apfel in die Hand. Betasten Sie ihn rundum, so als hätten Sie noch nie zuvor einen Apfel gesehen. Machen Sie alle Bewegungen langsam und bedächtig, damit Sie sich jedes Detail erschließen.

◆ Riechen Sie an dem Apfel. Läuft Ihnen dabei schon das Wasser im Mund zusammen? Weckt der Geruch Assoziationen, Erinnerungen?

◆ Nun führen Sie den Apfel im Zeitlupentempo zum Mund. Nehmen Sie dabei wahr, was im Gesicht und im Mund geschieht, wenn Sie abbeißen, und kauen Sie dann den ersten Bissen so lange wie möglich. Welche Veränderungen beobachten Sie beim Schmecken? Wann haben Sie den Impuls zum Schlucken? Können Sie ihn hinauszögern?

◆ Wie schnell erfolgt nach dem Schlucken der Impuls, den Mund wieder zu füllen? Welche Gedanken gehen Ihnen dabei durch den Kopf?

◆ Essen Sie den Apfel in dieser achtsamen Weise ganz auf. Bleibt etwas übrig? Ein Stiel? Ein Kerngehäuse, das Ihnen nicht schmeckt? Was machen Sie mit den Resten?

◆ Bleiben Sie zum Schluss noch ein paar Minuten still sitzen und freuen Sie sich daran, dass Sie satt werden, dass Sie eigenständig essen können, dass es in unserem Land alles zu essen gibt, was das Herz begehrt, und spüren Sie Dankbarkeit dafür.

Wochenmitte: Kontemplativer Rückblick

Und wieder gilt es innezuhalten und in der Rückschau auf die vergangenen Tage Ihren Umgang mit dem Thema Verlangen zu überprüfen. Wenn Sie über die erste Frage kontemplieren, benennen Sie die Körperempfindungen, die zusammen mit dem Verlangen spürbar werden: Prickeln, Lust, Hitze, Ausdehnung, hundert kleine Nadelstiche, Appetit etc. Hat Ihr Mantra Sie in diesen ersten Tagen gut unterstützt? Haben Sie es mehrfach täglich ausgesprochen? Konnten Sie bereits großzügiger mit sich selbst sein? Oder möchten Sie Ihr inneres Motto noch besser den eigenen Bedürfnissen anpassen, sodass Sie eine Wirkung verspüren, die Großzügigkeit weckt? Überlegen Sie auch, in welcher Form Sie sich noch häufiger an Ihr Mantra erinnern möchten. Beginnen Sie damit, eine Frage nach der anderen zu kontemplieren. Denken Sie daran, Ihre Antworten im Anschluss aufzuschreiben!

Rückblick zur Wochenmitte

◆ In welchen Momenten bin ich in den vergangenen Tagen der Herausforderung Verlangen begegnet?

◆ Wie gehe ich mit Verlangen um?

◆ Habe ich an mein Mantra gedacht? Fühlte es sich wirklich stimmig an oder
möchte ich noch etwas ergänzen, ändern? In welchen Situationen war das
Mantra für mich hilfreich?

Die Übungen zur Wochenmitte

Neben der Großzügigkeit schafft auch das Wissen um Vergänglichkeit ein heilsames Gegengewicht zum Verlangen (siehe Seite 111). Doch diese Erfahrung ist in vieler Hinsicht schmerzhaft – besonders wenn es um Beziehungen geht. Wie sehr wünschen wir uns, dass die Nähe zu unseren Lieben uns gleichmäßig erhalten bleibt! Leider gilt das Gesetz des Wandels aber auch hier, wo uns das Loslassen besonders schwerfällt. Nehmen Sie sich einen Stift und beantworten Sie die folgenden Fragen schriftlich – jeweils fünf Minuten lang:

ÜBUNG A FÜR DIE WOCHENMITTE

20 Minuten, Stift und Papier bereithalten, meditatives Sitzen

Vergänglichkeit in Beziehungen akzeptieren

◆ Wie hat sich die Beziehung zu meinen Eltern (oder: zu meinen Kindern) in den vergangenen zehn Jahren verwandelt?

◆ Wie zeigt sich Vergänglichkeit in der Beziehung zu meiner besten Freundin (oder: zu meinem besten Freund)?

◆ Wo zeigt sich Wandel in meiner Beziehung zu mir selbst?

◆ Wie lautet die herausragende Einsicht, wenn Sie die Veränderungen in Ihren Beziehungen betrachten? Formulieren Sie diese schriftlich aus und nehmen Sie Ihre Gefühle dabei ohne Bewertung wahr.

Übung B zur Wochenmitte

Noch einmal vertiefen wir mit der Übung B das Thema Großzügigkeit. In diesem Buch haben Sie bereits auf Seite 80 sowie auf Seite 99 liebevolle Aufmerksamkeit an andere verschenkt. Erinnern Sie sich an die wohltuende Wirkung? In »Buddhas Anleitung« gibt es einige Übungen zum Großzügigsein in materieller Hinsicht, die Sie aufgreifen können, wenn es Ihre Zeit erlaubt. Bei der folgenden Übung wollen wir nun mit Worten und Wertschätzung gebefreudig sein. Verschenken Sie also Komplimente und Anerkennung.

ÜBUNG B FÜR DIE WOCHENMITTE

Wertschätzung verschenken

◆ Nehmen Sie sich vor, Ihren Nächsten Wohltuendes und Wertschätzendes zu sagen. Ganz gleich, ob in der Familie, im Bekanntenkreis oder am Arbeitsplatz – machen Sie sich Gedanken darüber, mit welchen achtsam gewählten Worten Sie andere erfreuen könnten.

◆ Weiten Sie den Radius Ihrer Großzügigkeit aus. Verschenken Sie auch an völlig Fremde aufrichtige Komplimente. Und spüren Sie in Ihrem eigenen Körper die Wirkungen. Beschreiben Sie in Ihrem Tagebuch all die kleinen Situationen im Alltag, wo Sie jemanden überraschen konnten, und wie sich das auf Sie ausgewirkt hat.

Zweites Wochenende Samstag:
Kontemplativer Rückblick

Wieder ist eine Woche vergangen. Sie haben Verlangen und Loslassen erforscht. Sie sind hoffentlich liebevoll und großzügig mit sich umgegangen und haben sogar bemerkt, dass in Großzügigkeit viele Wachstumsmöglichkeiten versteckt sind. Halten Sie nun zunächst wieder Rückschau. Kontemplieren Sie die folgenden Fragen und formulieren Sie danach Ihre Antworten schriftlich aus. Achten Sie bei der ersten Frage vor allem auf Ihre Körperempfindungen, die zusammen mit dem Verlangen spürbar wurden, und benennen Sie diese. Wie ist es Ihnen mit Ihrem Mantra ergangen? Worauf wollen Sie in der kommenden Woche im Umgang damit mehr achten? Wenden Sie sich danach dem nächsten Kapitel zu oder gehen Sie an den Anfang dieses Kapitels zurück und greifen Sie die Übungsreihe B auf.

Rückblick zum Wochenende

◆ In welchen Momenten bin ich in den vergangenen Tagen der Herausforderung Verlangen begegnet?

◆ Wie gehe ich mit Verlangen um?

◆ Habe ich an mein Mantra gedacht, es aktiv angewendet? In welchen Situationen war das hilfreich?

Akzeptanz und Mitgefühl entwickeln

Neunte bis zehnte Woche

Vom Widerwillen zur Akzeptanz

Haben Sie in den vergangenen Wochen Wege gefunden, Ihr Lernen freudig zu gestalten? Sicher konnten Sie inzwischen einige Erkenntnisse über Ihr eigenes Lernverhalten sammeln. Der letzte Übungsabschnitt gibt Ihnen noch einmal Gelegenheit, ganz bewusst zu erforschen, wie Sie sich dabei bewerten.

Erstes Wochenende Sonntag: Meditative Achtsamkeitsübung

Wenn Sie zu hohe Anforderungen an sich stellen, bewirkt das Druck und es hemmt Ihre innere Entwicklung. Eine zu geringe Motivation und zu wenig Willenskraft wirken jedoch ebenfalls hinderlich. Ideal wäre es, wenn wir uns wie die Saiten einer wohlklingenden Gitarre körperlich und geistig stets im rechten Spannungszustand befänden. Es ist eine lebenslange Aufgabe, sich in der Mitte zwischen Über- und Unterforderung einzupendeln. Der Körper gibt uns vielfältige Hinweise darauf, was wir brauchen. Achten Sie daher – wie auch in den vergangenen Kapiteln – in der kommenden Woche besonders darauf, Ihre Körpersignale zu lesen und erkennen Sie auf diese Weise die ersten Anzeichen für Stress ebenso wie für Trägheit. Wenn es Ihnen gelingt, körperliches Wohlgefühl und angemessene Lernziele miteinander zu verbinden, lässt sich der Widerstand leichter entmachten. Praktizieren Sie nun aufs Neue Ihre Meditationsübung und suchen Sie ein Mantra, das Sie in dieser Übungswoche unterstützt.

DIE ÜBUNGEN IM ÜBERBLICK

Erstes Wochenende:

◆ Meditative Achtsamkeitsübung (20 Min., S. 130)

◆ Ein Mantra für Akzeptanz entwickeln (20 Min., S. 137)

◆ Übung A: Widerwille und Ärger erforschen (20 Min., S. 139)

◆ Übung B: Aversionen benennen und loslassen (30 Min., S. 140)

◆ Übung B: Sich selbst vergeben (20 Min., S. 142)

Wochenmitte:

◆ Kontemplativer Rückblick zur Wochenmitte (20 Min., S. 143)

◆ Übung A: Muße benennen und leben (15 Min., S. 145)

◆ Übung B: Einen Brief des Verzeihens schreiben (30 Min., S. 146)

Zweites Wochenende:

◆ Kontemplativer Rückblick zum Wochenende (20 Min., S. 147)

Ergänzende Übungen aus »Buddhas Anleitung zum Glücklichsein«:

◆ Körperliche Schmerzen verstehen lernen (30 Min., S. 127)

◆ Der kleine Wunderheiler (30 Min., S. 136)

◆ Sicheren Boden bewahren (30 Min., S. 140–141)

◆ Der Umgang mit Ärger (30 Min., S. 145)

◆ Mitgefühl entwickeln (10 Min., S. 149)

◆ Mitgefühl für sich selbst wachrufen (30 Min., S. 150)

MEDITATIVE ACHTSAMKEITSÜBUNG

20 Minuten täglich, meditative Haltung

Innere Notiz: »denken«

- Steigen Sie – nachdem Sie mehrfach Ihr Mantra ausgesprochen haben – über die Sieben-Punkte-Meditation in die Atemachtsamkeit ein und geben Sie dem Atem viel Raum. Die Atemwahrnehmung nimmt inzwischen schon beträchtliche Zeit in Ihrer Meditation in Anspruch. Aber das Netz, das Sie mit den sieben Punkten spannen, wird immer wieder festgezurrt, indem Sie mehrfach während der 20 Minuten einen Durchlauf der Sieben-Punkte-Meditation machen. Der Atem nimmt etwa drei Viertel Ihrer Zeit ein, ein Viertel gilt den sieben Punkten.

- Sobald Sie bemerken, dass Sie in Gedanken verloren gegangen sind, halten Sie inne. Lassen Sie die Gedanken los, machen Sie sich eine kleine innere Notiz: »denken!«, und fügen Sie einen Durchlauf der Sieben-Punkte-Meditation ein, um die Aufmerksamkeit im Körper zu verankern. Danach spüren Sie wieder zum Atem hin, bis die Gedanken Sie erneut forttragen.

- Dass ständig neue Gedanken auftauchen, lässt sich nicht abstellen, wir können sie nur rasch wieder loslassen. Sie haben schon viel erreicht, wenn es Ihnen gelingt, vom Gedankenfluss über die innere Notiz zu den sieben Punkten und zum Atem zurückzukehren.

Wahrscheinlich ist Ihnen aufgefallen, dass bei der Achtsamkeitsübung Ihr Atem von Moment zu Moment auf seine ureigene Weise kommt und geht. Immer wenn Sie in Gedanken versinken, rufen Sie sich zurück und belohnen sich dann innerlich dafür mit einem »Gut so! Wieder im gegenwärtigen Moment angekommen.« Fühlen Sie im Körper, wie wohl das tut.

Haben Sie schon entdeckt, dass Sie diese Meditation auch im Stehen oder Liegen machen können? Nutzen Sie einmal Wartesituationen im Alltag, indem Sie durch die sieben Punkte wandern und Ihren Atem spüren. Auch beim Einschlafen ist diese Meditation hilfreich. Selbst bei Krankheit, wenn man geistig zwar wach genug ist, um sich zu langweilen, aber doch nicht genug Kraft hat, um zu lesen, kann man den Geist mit Meditation nähren.

Die Herausforderung: Widerwille

Wie viel Alltägliches in unserem Leben ist geprägt vom Widerwillen! Ich finde es oft schwierig zu entscheiden, wann ich auf meine innere Abwehr hören und wann ich ihr besser nicht nachgeben sollte. Mal gebe ich mir einen Ruck, um loszulassen, mal beiße ich die Zähne zusammen und überrede mich, bei dem vorgefassten Plan zu bleiben. Ich erlebe dieses Wechselspiel gerade bei einer Nachbarin, die Urlaub hat und mit sich ringt, ob und wann sie nun verreisen soll. Manches spricht dafür daheimzubleiben, manches auch für einen Tapetenwechsel. Es gibt keine allgemeingültigen Regeln, die uns zeigen, was richtig ist. Wir müssen stets neu abwägen, ob unser Widerwille eine sinnvolle Abgrenzung anmahnt oder ob er als verkleidete Trägheit daherkommt. Auf jeden Fall gehört der mit Abwehr und Ärger erfüllte Geist zu unserem Leben und zeigt sich in verurteilenden Gedanken über andere, in Nachlässigkeit im Umgang mit uns selbst, auch in trotzigem Aufbegehren gegen die Erfahrung von Vergänglichkeit. In unserem Leben gibt es zahlreiche Menschen, Meinungen und Dinge, die wir nicht leiden können und mit denen wir uns nicht auseinandersetzen möchten. Es gibt aktive und passive Formen dieses Hindernisses: von den böswilligen Angriffen gegen andere über das Sich-mit-Händen-und-Füßen-Wehren, sich voller Widerwillen schütteln bis hin zu eisigem Schweigen, Nicht-hinschauen-Wollen und äußerer Reglosigkeit, während der Kopf voller verächtlicher Gedanken steckt. Der Widerwille zeigt sich in Gedanken, Worten und Taten und keimt auf, sobald etwas in uns gegen eine unangenehme Erfahrung rebelliert. Im Gegensatz zum unersättlichen Verlangen ist Widerwille (wir könnten auch Aversion oder Nicht-haben-Wollen sagen) das Hindernis, das geradezu zwanghaft Erfahrungen von sich weist, die auch nur im Leisesten unangenehm erscheinen.

> Jeder Mensch sollte sich – bevor er stirbt – darum bemühen herauszufinden, wovor er davonläuft, wohin und warum.
>
> [James Thurber]

Lässt sich das Unangenehme nicht abschütteln, bauen wir eine Mauer des Widerstands dagegen auf und leiden daran. Schmerzen und Leiden in körperlicher und psychischer Hinsicht werden alle vom Hindernis Widerwillen begleitet. Jeder Mensch kennt es, jeder muss seinen Weg im Umgang mit den inneren Kräften finden, die nicht wollen, was jetzt ist. Und da Sie sich schon in »Buddhas Anleitung zum Glücklichsein« mit dieser Dynamik vertraut gemacht haben, erkennen Sie auch den Zusammenhang zwischen der Intensität des Widerwillens und der Hartnäckigkeit Ihres Leidens.

Je mehr wir den Widerwillen aktivieren, umso stärker ist die Reibung mit den Kräften, gegen die er sich wendet. Die Reibung bringt Leiden mit sich.

Weniger Widerwille bedeutet daher auch weniger Leiden. Grund genug, diese Thematik in unserem Leben ausführlich zu ergründen!

Widerwillen gegen das Unangenehme abbauen

Wenn wir die Aufmerksamkeit auf die Kräfte in uns richten, die sich wehren, dann ist das bereits eine Herausforderung an sich, denn wir aktivieren mit dieser Zielsetzung auch den Unwillen, den Widerstand überhaupt zu betrachten. Es braucht schon besondere Kraft, sich so einfühlsam den inneren Widerständen zu nähern, dass sie zwar erkennbar sind, aber nicht durch die vermehrte Aufmerksamkeit gestärkt werden. Anfängern passiert es leicht in intensiven Meditationsphasen, dass sie sagen: »Ich kann es nicht ausstehen zu sehen, wie wertend und verurteilend ich bin.« Die erhöhte Achtsamkeit zeigt ihnen, wie sie auf Schritt und Tritt bewertende Gedanken hegen: »Der Mann sollte mal an seiner Körperhaltung arbeiten.« »Die Köchin hat keine Ahnung vom Würzen.« »Wie furchtbar, dass ich über andere immerzu Negatives denke.« Damit setzt man dann auf das abwehrend-bewertende Verhalten noch eine Abwertung gegen sich selbst obendrauf. Das führt leicht zu inneren Verhärtungen. Allein akzeptierendes Verstehen kann die negative Ausrichtung umleiten. Sagen Sie sich: »Ja, ich denke immerzu abwertend über andere, und das schmerzt mich, weil es mir zeigt, dass ich mich selbst nicht genügend wertschätze. Denn eins ist mir klar: Das, was ich anderen gebe, teile ich auch mir selbst zu.« Vielleicht tröstet Sie auch das Wissen, dass es anderen ebenso ergeht, dass wir uns alle nicht leiden mögen, wenn wir von negativ bewertenden Gedanken erfüllt sind.

Das Gegengewicht: Akzeptanz und Mitgefühl

Je genauer unsere Wahrnehmung wird, desto besser können wir unterscheiden zwischen einem trotzigen Nein gegen den eigenen Widerwillen (dadurch baut sich innerer Konflikt auf) und einer sinnvollen, inneren Abgrenzung, die aus Verständnis und Akzeptanz erwächst. Wille an sich ist nicht falsch. »Es sind nicht unsere Beine, die uns voranbringen, sondern unser Wille« sagt ein Sufi-Sprichwort. In dem Wort »Wohlwollen« steckt der Wille ebenso wie in »Böswilligkeit«, doch beide Geisteszustände richten sich auf sehr unterschiedliche Ziele. Es gilt zu unterscheiden, aus welchem Antrieb der Wille gespeist wird und welche Absicht wir verfolgen. Wenn der Wille aus Großzügigkeit, Mitgefühl und Loslassen entsteht, wirkt er heilsam, wenn er aber der Habgier und Böswilligkeit entspringt, ist es besser, ihn loszulassen.

Einladen in den Raum der Akzeptanz

Die befreiende Kraft der buddhistischen Lehre entwickelt sich, wenn die Aufmerksamkeit mit wachsender Genauigkeit auf die innere Erfahrung ausgerichtet wird. Angesichts der allgegenwärtigen Kraft der Aversion in unserem Geist ist das beste Mittel im Umgang damit eine warmherzige Achtsamkeit. Wenn Achtsamkeit wirklich nicht verändern will und genau erkennt, was jetzt geschieht, erleben wir sie als Akzeptanz. Diese wunderbare Eigenschaft erlaubt uns, so zu sein, wie wir gerade sind. Sie will keinen Einfluss nehmen, sie sieht das Für und Wider und umarmt beides. Allein dadurch entsteht Raum für Verwandlung. Wir können uns weder zum Öffnen noch zum Loslassen hin drängen. Wir können uns aber einladend sagen: »Schau, es ist alles bereitet, annehmender Raum ist da, du darfst so sein, wie du bist.«

In Gelassenheit mit dem Widerstand leben

Eine Freundin von mir zog als junge, alleinerziehende Mutter mit ihren beiden kleinen Töchtern in ein Haus auf dem Land. Ihr Garten lag ein paar Hundert Meter von ihrer Wohnung entfernt. Um ihren Komposteimer zu leeren, musste sie auf dem Weg zum Garten durch das Dorf gehen, und dabei fühlte sie sich von allen Seiten kritisch beobachtet. Es kam ihr vor wie Spießrutenlaufen. Anfangs litt sie sehr darunter, doch dann begann sie mehr und mehr mit den Leuten zu sprechen, die ihr begegneten. Die Alten hatten Zeit für sie, sie hörten ihr zu. Nach einer Weile freute sie sich schon darauf, den Kompost hinauszutragen, und richtete es so ein, dass sie möglichst vielen Dorfbewohnern über den Weg lief. Ihr Widerwille hatte sich durch das regelmäßige Dranbleiben vollkommen ins Gegenteil verwandelt.

Wenn ich einen Vortrag über ein Thema schreiben möchte, zu dem mir zunächst gar nichts einfällt, weiß ich, dass es auf das Dranbleiben ankommt. Da gibt es die widerwilligen Stimmen in mir, die raunen: »Es hat keinen Sinn, vergiss es, geh lieber einkaufen.« Dagegen stellt sich meine Erfahrung: »Geh nicht weg, knete das Thema, lass erst einmal deinen Assoziationen freien Lauf, du weißt, schwierige Themen erschließen sich erst mit der Zeit.«

Akzeptanz im Miteinander

Nicht nur in uns selbst begegnen wir dieser Herausforderung. Auch im Miteinander zeigen sich unendlich viele Aversionen. In der U-Bahn oder im Zug begegnen mir häufig Menschen, die offensichtlich unter hohem innerem Druck stehen. Das akzeptierende Annehmen, das uns selbst wohltut, wirkt auch im Kontakt mit anderen! Es ist für mich stets eine Übung, auf einen vergrätzten Zeitgenossen nicht mit Abwehr zu reagieren, sondern eine wohlwollend akzeptierende Antwort zu finden. Wenn es mir gelingt, die Stimmung einer übermüdeten Verkäuferin für einen Moment aufzuheitern, freut mich das selbst wohl am meisten.

In unserem Streben nach dem Angenehmen und Vermeiden des Unangenehmen verwickeln wir uns immerzu. Sobald wir es mit mehreren Menschen zu tun haben, gibt es Uneinigkeit, verschiedene Meinungen. Wir tragen imaginäre, unsichtbare Grenzen mit uns herum und fühlen uns verletzt, wenn jemand sie nicht beachtet. Wir möchten gehört und gesehen werden und vergessen, die anderen wahrzunehmen. Ich glaube, wenn wir nichts zu lernen hätten, wären wir nicht hier. Da jeder mit seinen eigenen Widerständen und Lernaufgaben ringt, brauchen wir uns nichts darauf einzubilden, wie weit wir es schon gebracht haben, denn jeder erhält schon zur entsprechenden Zeit seine passenden Herausforderungen. Wir können uns doch nur gegenseitig darin unterstützen, unsere Herausforderungen zu bewältigen. Ob in der Familie oder am Arbeitsplatz, in der Gemeinde oder Nachbarschaft – helfende Hände sind immer ein Segen. Die Bereitschaft, sich in die Problematik eines anderen einzufühlen und zu schauen, was in der gegebenen Situation die beste Hilfe ist – wir können sie alle brauchen.

Akzeptierendes Mitgefühl weicht den aversiven Geist auf. Solch ein Mitgefühl besteht in der Offenheit, das Leiden eines Lebewesens zu erkennen und es sogleich mildern zu wollen. Ohne lange Diskussionen über Recht und Unrecht, ohne Besserwisserei. Akzeptierendes Zuhören und tatkräftige Hilfe – das ist gelebtes Mitgefühl, eine innere Haltung, die auch durchdrungen ist von Vergebung. Nicht aus einem Gefühl der Verpflichtung oder Überlegenheit heraus, sondern aus reiner Solidarität und Brüderlichkeit, weil jeder von uns zeitweilig hilfsbedürftig ist.

Erstes Wochenende Sonntag: Ein Mantra kontemplieren

Das Mantra, das Sie diesmal entwickeln, möchte Sie in einer umfassenden, wohlwollenden Akzeptanz unterstützen und Ihnen das Gefühl geben: »Ganz gleich, was geschieht, ich kann mich, so wie ich bin, liebevoll annehmen.« Um diesem für uns alle so wichtigen Selbstwertgefühl näher zu kommen, erinnern Sie sich erst einmal an Erfahrungen von umfassender Akzeptanz, die Ihnen andere Menschen vermittelt haben. Legen Sie wieder Stift, Tagebuch und Kurzzeitwecker bereit. Kontemplieren Sie dann die folgende Frage und achten Sie dabei gut auf Ihr Körperempfinden.

KONTEMPLATION
20 Minuten – Notizen machen

Mantra zur Stärkung von liebevoller Akzeptanz

◆ Kontemplieren Sie fünf Minuten die Frage:

Wer hat mir in meinem Leben das Gefühl geschenkt,
akzeptiert zu werden?

◆ Schreiben Sie stichpunktartig auf, wer Ihnen eingefallen ist, an welche
Situationen Sie sich erinnert haben, welche Körpergefühle Sie benennen
können.

Vervollständigen Sie einige Male diesen Satz:
Ein Gefühl vollkommener Akzeptanz empfinde ich, wenn …

(Fortsetzung nächste Seite)

(Fortsetzung von Seite 137)

◆ Was symbolisiert vollkommene Akzeptanz für Sie? Was sehen Sie sogleich vor Ihrem inneren Auge? Welche Körperempfindungen haben Sie, wenn Sie das Symbol sehen?

◆ Nun schauen Sie, ob Ihnen eine kurze Formulierung einfällt, in der die verschiedenen Abschnitte dieser Übung Ausdruck finden.

Beispiel: Eine Person, die Ihnen starke Akzeptanz vermittelt hat, war Ihr erster Freund Timo. Als Symbol für dieses Gefühl haben Sie sofort ein kleines, wunderschönes, mit Moos ausgekleidetes Vogelnest gesehen. Ihr Mantra heißt: »In Timos Nest« – wenn Sie diese Worte sprechen, geht Ihnen das Herz auf, Sie spüren eine große Erleichterung im Atem.

◆ Sprechen Sie Ihr Mantra laut aus; wenn es stimmig klingt, schreiben Sie es mehrfach nacheinander auf – die endgültige Version begleitet Sie nun durch die Übungswoche. Sie tragen dieses Mantra in die Leerzeilen unten ein, Sie notieren es in Ihrem Tagebuch, Sie schreiben es auf Haftnotizen und umgeben sich an allen wichtigen Orten damit, Sie sprechen es wieder so oft wie möglich innerlich aus, nehmen es an den Anfang und das Ende des Tages und Ihrer Meditationsübungen.

Die Übungen zum Wochenende

In der Übung A zum Wochenende schauen Sie sich an, wo Ihnen Widerwille und Ärger in Ihrem Leben begegnen. Widerwille ist genau genommen schon ein Schritt in Richtung Ärger. Bei Letzterem kommt der Widerwille geballter zum Ausdruck. Ärger kann durchaus kraftvoll sein, wenn er gehört, aber nicht unbedacht und verletzend ausagiert wird.

BUNG A FÜR DAS WOCHENENDE
20 Minuten, Stift und Papier bereithalten

Widerwillen und Ärger erforschen

◆ Vervollständigen Sie in Ihrem Tagebuch fünf- bis zehnmal den Satz: Mein Widerwille regt sich, wenn ich zum Beispiel daran denke, dass, »... ich morgen keine freie Minute für mich selbst habe, ... ich meinen Sohn jetzt immer dienstags vom Training abholen soll, ...«

◆ Schreiben Sie nun auf, was derzeit Ihren Ärger hervorruft. Vervollständigen Sie den folgenden Satz fünf- bis zehnmal: Zurzeit ärgert es mich, wenn ... (zum Beispiel: »... mein Freund immer zu spät zu Verabredungen kommt, ... meine Schwester erwartet, dass immer ich anrufe, ...«)

◆ Welche zwei Ärger-Situationen könnten Sie am leichtesten bereinigen? Wählen Sie die beiden einfachsten Möglichkeiten aus und schreiben Sie auf, wann und was Sie unternehmen wollen!

Übungen B zum Wochenende

In Gedanken pflegen wir viele Aversionen, die uns gar nicht bewusst sind. Dennoch werden wir ständig davon beeinflusst. Wir folgen diesen Vorstellungen. Sie hindern uns, sie lassen uns in Situationen einen Umweg machen, wo der direkte Weg sinnvoller wäre. Beispiel: Weil ich Frau Müller nicht leiden kann, nehme ich lieber einen anderen Heimweg. Weil meine Mutter mich nervt, rufe ich sie nicht an.

Erforschen Sie jetzt Ihren aversiven Geist, der voller negativer Überzeugungen steckt und sich diese immer wieder selbst bestätigt.

ÜBUNG B FÜR DAS WOCHENENDE
30 Minuten, Stift und Papier bereithalten

Aversionen benennen und loslassen

- Nehmen Sie sich ein loses DIN-A4-Blatt, malen Sie einen Kreis in die Mitte und schreiben Sie in den Kreis: »Meine Aversionen« oder: »Was mich grundsätzlich nervt«.

- Notieren Sie zehn Minuten alles, was Ihnen dazu einfällt, ohne langes Nachdenken, schnell schreibend, auf dem ganzen Blatt verteilt: »… zu spät kommen, Schmatzen beim Essen, schmutzige Fingernägel …« – was immer Ihnen gerade in den Sinn kommt.

- Nachdem Sie alles aufgeschrieben haben, setzen Sie sich still hin und spüren Sie mit geschlossenen Augen einige Minuten im Körper und im Herzen, wie es Ihnen nach dem Aufschreiben geht.

◆ Nun stellen Sie sich im Geiste ein Gefäß vor, in das all Ihre Aversionen wunderbar hineinpassen. Wie sieht dieses Gefäß aus? Wie groß ist es? Welche Farbe hat es? Aus welchem Material besteht es?

◆ Füllen Sie in Ihrer Vorstellung Ihre Aversionen in diesen Behälter. Seien Sie ganz gewissenhaft und achten Sie darauf, auch einen Verschluss zu finden, der sicher hält. Danach wählen Sie einen Ort, wo Sie dieses Gefäß abstellen – irgendwo draußen in guter Distanz.

◆ Spüren Sie nun noch einmal genau in Ihren Körper hinein. Gibt es Ihnen ein Gefühl von mehr innerem Freiraum, wenn die Aversionen an einem sicheren Ort verpackt sind? Bemerken Sie, dass Sie leichter atmen kön-nen bei dieser Vorstellung?

◆ Wenn wir es genau bedenken, sind unsere Aversionen in keiner Weise hilfreich. Wohin möchten Sie das Gefäß mit den Aversionen am liebsten bringen? Erlauben Sie sich in Ihrer Vorstellung eine kreative Lösung. Ihre Gedanken sind frei, Sie können sich gegen Ihre Aversionen in einer klugen, klaren Form abgrenzen!

Mit der folgenden Übung stärken wir unsere Bereitschaft, all das Widerspens-tige und Schwierige in uns durch Verzeihen auszugleichen.
Wir füllen den inneren Freiraum, der nach der letzten Übung entstanden ist, mit einem aktiven Wohlwollen.

ÜBUNG B FÜR DAS WOCHENENDE
20 Minuten, Stift und Papier bereithalten

Sich selbst vergeben

Kontemplieren Sie zehn Minuten lang einen der folgenden Sätze – oder auch beide. Selbst wenn Sie im ersten Moment denken: »Das ist kein Thema für mich«, wiederholen Sie in ruhiger Gelassenheit immer aufs Neue an sich selbst gerichtet:

Ich vergebe mir. Oder: Ich bin bereit, mir selbst zu verzeihen.

◆ Notieren Sie, welche Einsichten und Empfindungen mit diesen Sätzen einhergehen.

◆ Nun denken Sie darüber nach, wie anders Ihr Leben aussehen würde, wenn Sie sich selbst vollkommen verzeihen würden. Schreiben Sie in Ihr Tagebuch wiederholt den folgenden Satzanfang:
Wenn ich mir selbst vollkommen vergeben könnte, dann …

◆ Schreiben Sie alles auf, was anders wäre, wenn Sie sich selbst vollkommen verzeihen würden, und geben Sie den Gefühlen Raum, die dabei auftauchen.

◆ Sie müssen nichts tun, nichts anders oder besser machen. Es genügt, zu erkennen, was jetzt ist.

Wochenmitte: Kontemplativer Rückblick

Kontemplieren Sie nun zur Wochenmitte wieder in aller Ruhe für einige Minuten die folgenden Fragen und formulieren Sie danach Ihre Antworten schriftlich aus. Benennen Sie bei der ersten Frage vor allem die Körperempfindungen, die zusammen mit dem Widerwillen spürbar werden: Härte, Kontraktion, zusammengebissener Kiefer, starrer Blick, flacher Atem ...? Überprüfen Sie, ob Sie in den vergangenen Tagen mehrfach täglich Ihr Mantra ausgesprochen haben. Oder geriet es nach dem Aufschreiben schnell in Vergessenheit? Vielleicht möchten Sie es noch besser den eigenen Bedürfnissen anpassen und andere Worte finden? Sprechen Sie Ihr Mantra dann noch einmal und fragen Sie sich: Fühlt es sich so gut an? Kann ich die akzeptanzerweckende Wirkung fühlen? Abschließend überlegen Sie, in welcher Form Sie sich noch häufiger an Ihr Mantra erinnern möchten.

Rückblick zur Wochenmitte

◆ In welchen Momenten bin ich in den vergangenen Tagen der Herausforderung Widerwille begegnet?

(Fortsetzung nächste Seite)

143

(Fortsetzung von Seite 143)

◆ Wenn ich mein Mantra in schwierigen Situationen gesagt habe, was ist dann passiert?

◆ In welchen Momenten bin ich akzeptierender mit mir selbst umgegangen?

Die Übungen zur Wochenmitte

Sie haben nun schon so viele Übungen gemacht, so viel geleistet und vollbracht. Hoffentlich nährt Sie Ihr Mantra in dieser Woche und beschert Ihnen Wohlwollen und Wärme. Die Weichheit und Akzeptanz, die uns so guttut, kommt in einem besonderen inneren Raum zum Tragen: in der Muße, die uns sagt, dass wir frei sind vom Müssen. Erkunden Sie nun diesen Raum.

ÜBUNG A FÜR DIE WOCHENMITTE

15 Minuten, Stift und Papier bereithalten

Muße benennen und leben

- Nehmen Sie Ihr Tagebuch zur Hand und schreiben Sie eine Liste mit zehn Möglichkeiten, Muße zu pflegen. Welche Form der Muße ist Ihnen am liebsten?

- Wählen Sie etwas von Ihrer Liste aus und schreiben Sie sich auf, wann und wie genau Sie es bis zum Ende der Woche verwirklichen wollen.

Übung B zur Wochenmitte

Widerwille und Aversion werden durch Verzeihen besänftigt. In vielen von uns schlummert alter Groll, gegenüber anderen oder uns selbst. Eigentlich möchten wir gar nicht daran denken, weil wir befürchten, dadurch wieder Ärger und Missmut in uns zu wecken. Doch es lohnt sich hinzuschauen.

ÜBUNG B FÜR DIE WOCHENMITTE
30 Minuten, Stift und Papier bereithalten

Einen Brief des Verzeihens schreiben

- Überlegen Sie, wem Sie nicht verzeihen können oder wollen, und teilen Sie diese Personen in drei Gruppen auf:

  1. Gruppe: Menschen, denen Sie nicht verzeihen können.

  2. Gruppe: Menschen, bei denen das Verzeihen nicht ausgeschlossen ist.

  3. Gruppe: Menschen, denen Sie verzeihen könnten.

- Wählen Sie aus der letzten Gruppe eine Person aus und schreiben Sie ihr in Ihrem Tagebuch einen Brief, in dem Sie erklären, weshalb Sie ihr jetzt verzeihen möchten. Sie brauchen diesen Brief nicht abzuschicken. Geben Sie Ihrer Bereitschaft zum Verzeihen erst mal nur akzeptierenden Raum.

Zweites Wochenende Samstag: Kontemplativer Rückblick

Wieder ist eine Woche vergangen. Sie haben Widerwillen und Akzeptanz erforscht. Nun halten Sie mit dem Übungsblatt Rückschau, kontemplieren die folgenden Fragen und schreiben die Antworten auf. Achten Sie bei der ersten Frage wieder auf Ihre Körperempfindungen, die zusammen mit der Aversion spürbar wurden, und benennen Sie diese. War Ihr Mantra hilfreich? Möchten Sie es verbessern, damit es wirkungsvoller wird? Nach dem Rückblick beginnen Sie mit der B-Übungsreihe auf Seite 140 oder dem letzten Kapitel.

Rückblick zum Wochenende

◆ In welchen Momenten bin ich in den vergangenen Tagen der Herausforderung Aversion und Widerwillen begegnet?

◆ Welche Erfahrungen habe ich mit meinem Mantra in Situationen gemacht, in denen ich Widerwillen verspürte?

◆ In welchen Momenten bin ich akzeptierender mit mir selbst umgegangen?

So

schließt sich der

Kreis

 Rückblick und Vorschau

Zum Ende meiner Meditationskurse führe ich die Teilnehmer stets noch einmal an den Anfang zurück. Wir folgen damit der buddhistischen Tradition, Motivation, Absicht und tatsächliches Handeln zu unterscheiden und ins Bewusstsein zu rufen. So möchte ich auch Ihnen vorschlagen, zum Abschluss ihres Übungsprogrammes zugleich Rückblick und Vorschau zu halten.

Wenn Sie jetzt fünf Wochen lang durch dieses Übungsprogramm gegangen sind, haben Sie die Möglichkeit, noch einmal von vorne zu beginnen, um in den nächsten fünf Wochen die Übungen der B-Serie zu machen, oder erst einmal mit diesem Kapitel abzuschließen. Mit weiteren fünf Wochen würden Sie Ihr Verständnis der fünf Hindernisse deutlich vertiefen, Sie würden Ihre Mantras wieder aufnehmen, sie genauern oder erneuern, und Sie hätten die B-Serie von Übungen vor sich, die noch auf Sie wartet.

Sollten Sie aber wirklich zum Abschluss kommen wollen, lesen Sie dieses letzte Kapitel am besten an einem Wochenende, wenn Sie noch einmal Zeit für eine ausführliche Rückschau und ein Fazit haben. Es heißt also: zurück zum zweiten Kapitel oder hier weiterlesen.

KONTEMPLATION
15 Minuten – Notizen machen

Ein Resümee ziehen

- Gruppieren Sie für Ihre Rückschau all die Dinge um sich, die bei Ihren Übungen in den vergangenen Wochen wichtig waren – Ihr Tagebuch und die Haftnotizen mit Ihren Mantras, die Stifte, die Musik, den Meditationshocker …

- Erinnern Sie sich, was Sie sich zum Beginn dieses Buches gewünscht haben? Schlagen Sie jetzt Ihre Aufzeichnungen vom Ende des ersten Kapitels auf.
  Nehmen Sie möglichst ohne Bewertung für sich wahr: »Das habe ich mir gewünscht, und das habe ich tatsächlich in die Tat umgesetzt. So ist es.«

- Dann fragen Sie sich: Was möchten Sie künftig selbstständig in Ihrem Alltag fortsetzen? Die tägliche Meditation? Das Leben mit einem inneren Mantra? Das kontemplative Innehalten? Das Wissen um Wirken und Ausgleich von geistigen Hindernissen?

  Was möchten Sie von dieser Übungszeit mit in Ihren Alltag nehmen?

- Schreiben Sie in Ihr Tagebuch mindestens drei Aktivitäten, die Sie aus den vergangenen Übungswochen im Alltag fortführen möchten.

Den inneren Weg weiter beschreiten

In einem langen Tropenurlaub habe ich einst das Übungsprogramm »Der Weg des Künstlers« von Julia Cameron durchgearbeitet. Aus meiner heutigen Perspektive kann ich erkennen, wie durch die innere Entschiedenheit, die sich in den drei Übungsmonaten aufgebaut hatte, Weichen gesetzt wurden, die mich endlich auf eine lang ersehnte Spur brachten. Es ist kein Wunder, dass ich Bücher mit Selbsthilfeprogrammen schreibe, denn ich habe mein eigenes Leben durch Lesen und Studieren und Ausprobieren von Selbsthilfe-Büchern wesentlich beeinflusst. Mein erstes Buch dieser Art hieß bezeichnenderweise »Ich will« – ich habe es mit 14 Jahren entdeckt. Dieser prägenden Erfahrung folgten Bücher über Zeitmanagement, Beziehungsleben und Bücher zum Schreibenlernen. Wann immer es mir gelang, ein Buch von A bis Z durchzuarbeiten, hat es noch lange in mir nachgewirkt. Ich habe aus den Übungen etwas mitgenommen, das mich auch künftig begleitete – ohne große Anstrengung gewöhnte ich mir beispielsweise eine bestimmte Form der Wochenplanung an, und ich strukturierte meine ersten Schreibprojekte, wie ich es in Gabriele Ricos »Garantiert Schreiben lernen« erprobt hatte.

Ihre Werkzeuge anwenden

Ich hoffe, dass Sie nun ähnliche Erfahrungen machen, dass ein Mantra Sie auch künftig begleitet, dass Sie Versuchungen nicht so leicht erliegen und Sie Trägheit ebenso wie Unruhe, Zweifel und Aversion in Ihrem Leben klug ausgleichen verstehen.

Natürlich wird es auch immer wieder Rückschläge geben, Zeiten, in denen ein Hindernis Sie besonders plagt und Sie in alte Muster fallen. Doch Sie haben nun Ihre Werkzeuge von der Achtsamkeitsmeditation über die Kontemplation bis hin zum Mantra, und Sie haben gelernt, sie anzuwenden. Wenn Sie in den letzten Wochen durch regelmäßiges Üben gute Gewohnheiten entwickeln konnten, sind Sie auf dem besten Weg, allein damit fortzufahren.

Mit Achtsamkeit loslassen

Das Ende dieses Buches ist ein guter Anlass, bewusst mit Abschied umzugehen. Ich habe Sie im Verlauf der letzten Wochen immer wieder auf die Wahrnehmung von Wandel und Vergänglichkeit aufmerksam gemacht. Bei einem Buch fällt uns das Ende nicht so schwer, im Gegenteil, da kommt ein Gefühl auf von »Vollbracht! Jetzt kann ich Neues anpacken!«. Nur wenn wir in einem Roman versunken sind und die Personen lieb gewonnen haben, dann bedauern wir manchmal das Ende. Wir würden so gern noch mehr aus ihrem Leben hören. Auch wenn die Schul- oder Studienzeit zu Ende geht, ist das in der Regel ein freudiges Signal. In das Abschiednehmen mischt sich Aufbruchstimmung. So geht es auch Weltreisenden. Sie kommen durch so viele schöne Orte, an denen sie Gefallen finden, und wissen doch, dass noch ebenso viele verlockende Länder auf sie warten.

> **Für alles, das vergangen ist: Danke!**
> **Für alles, das sein wird: Ja!**
>
> [Dag Hammerskjöld]

Eine menschliche Lebenszeit ist auch eine Art von Weltreise. Jede Lebensphase entspricht einem anderen Land, einem neuen inneren Raum. Wir nehmen einerseits Abschied von etwas, das uns wohlgetan und auch Schwierigkeiten bereitet hat, und wir freuen uns auf das Unbekannte vor uns. Wenn wir uns die Trauer zugestehen und Vergangenes mit Wertschätzung hinter uns lassen, können wir uns leichter davon lösen. Unsere Kräfte werden dann mit jedem Schritt vorwärtsfließen und sind nicht gehemmt vom Festhalten an unbewältigten Erfahrungen. Um Ihre Energien in dieser Weise zu bündeln, schauen Sie sich in der folgenden Übung noch einmal die Mantras an, die Sie in den letzten Wochen unterstützend begleitet haben.

KONTEMPLATION
20 Minuten – Notizen machen

Die Mantra-Kräfte bündeln

◆ Suchen Sie Ihre Mantras der vergangenen Wochen heraus und schreiben Sie alle untereinander auf.

◆ Bemerken Sie schon beim Schreiben, welches Mantra Ihnen am besten gefällt oder welches die deutlichste Resonanz hat? Vielleicht sind es auch zwei Mantras oder ganz bestimmte Wörter, die bei Ihnen spürbar wirken?

◆ Sprechen Sie diese Lieblings-Mantras und Wortschöpfungen nun noch einmal alle laut aus, singen Sie die Mantras, flüstern Sie sie – spüren Sie die unterschiedlichen Kräfte, je nachdem, ob Sie die Worte nur im Stillen wiederholen oder laut sagen.
Wie Sie wissen, müssen Mantras keineswegs immer erkennbar logisch sein. Sie sind an sich schon Klangenergie, wie Samen von Tönen, die in uns aufgehen möchten. Wichtig ist, dass eine innere Verbindung zu dem Klang besteht, dass er auch das Herz berührt.

◆ Schreiben Sie sich die Wörter, Satzteile, Mantras heraus, die Sie am kraftvollsten erleben.

◆ Bilden Sie entweder daraus ein neues Mantra oder wählen Sie ein bereits zuvor formuliertes Lieblingsmantra aus.

»So klingt mein Mantra-Favorit mit Top-Wirkung«:

- Flüstern Sie dieses Power-Mantra, singen Sie es, schreiben Sie es auf, wenn es seine stimmige Form gefunden hat.

- Lassen Sie sich künftig von diesem Mantra stärken.

Nun sind Sie auf der letzten Seite angekommen. Können Sie einverstanden sein mit Ihrer eigenen Art, zu lernen und zu üben? Vielleicht möchten Sie in Büchern über Meditation und buddhistische Philosophie weiter forschen oder Sie möchten sich jetzt über entsprechende Kurse informieren. Schenken Sie sich Anerkennung für die ganz persönliche Art und Weise, mit der Sie diesen Lese-Workshop absolviert haben. Auch wenn es nicht sogleich erkennbar ist – jede kleinste Veränderung in uns zum Positiven hin wirkt sich auch auf unsere Mitmenschen aus. Jedes Aufatmen, jede Erleichterung, die Sie spüren, bringt ebenfalls Entspannung und Lösung für Ihr Umfeld. Wir leben nicht abgeschnitten in einem luftleeren Raum. Wir nehmen durch vielerlei unsichtbare Kanäle voneinander die feinsten Schwingungen auf und beeinflussen durch all unser Denken und Tun unsere Umwelt. Im Bewusstsein dieser allseitigen Verbundenheit beenden Sie dieses Buch und diesen Übungszyklus mit einer Geste der Großzügigkeit, einer Widmung, die von Herzen kommt:
»Mögen die guten Kräfte, die ich in diesen Übungen und Selbst-Erforschungen zum Blühen gebracht habe, dem Wohl aller dienen.«

Bücher und Adressen, die weiterhelfen

Bücher

Chödrön, P., Geh an die Orte, die du fürchtest; Arbor

Gunaratana, M.H., Die Praxis der Achtsamkeit; Kristkeitz

Kabat-Zinn, J., Gesund durch Meditation. Das große Buch der Selbstheilung; Arbor

Kabat-Zinn, J., Zur Besinnung kommen; Arbor

Kersig, S., Entspannt und klar; Goldmann Arkana

Kornfield, J., Frag den Buddha und geh den Weg des Herzens; Ullstein

Mannschatz, M., Lieben und loslassen. Durch Meditation das Herz öffnen; Theseus

Renn, K., Dein Körper sagt dir, wer du werden kannst; Herder

Santorelli, S., Zerbrochen und doch ganz. Die heilende Kraft der Achtsamkeit; Arbor

Singer, W., Ricard, M., Hirnforschung und Meditation; edition unseld

Storch, M., Hausaufgaben! Oder lieber nicht?; download auf www.majastorch.de

Weiser Cornell, A., Focusing – Der Stimme des Körpers folgen; Rohwolt

Bücher zum Thema im GRÄFE UND UNZER VERLAG

Daiker I., Gelassen wie ein Buddha. Meditationen und Achtsamkeitsübungen für 52 Wochen

Eßwein, J., Achtsamkeitstraining

Meindl, D. J., Zen. Das Glück im Jetzt

Mannschatz, M., Buddhas Anleitung zum Glücklichsein

Mannschatz, M., Meditation. Mehr Klarheit und innere Ruhe

Mannschatz, M., Mit Buddha zu innerer Balance

Späth, T./Yan Bao: Shaolin. Das Geheimnis der inneren Stärke

Valentin, L. / Kunze, P., Die Kunst, gelassen zu erziehen

Adressen und Websites

für Achtsamkeits-Training, Achtsamkeitsmeditation und buddhistische Praxis

Deutschland

Deutsche Buddhistische Union
Amalienstr. 71
80799 München

Dachverband der Buddhisten und buddhistischen Gemeinschaft in Deutschland. Vermittelt Basisinformationen und Kontakte
dbu@dharma.de
www.dharma.de

Zeitschrift der DBU
buddhismus aktuell
Amalienstr. 71
80799 München
redaktion@dharma.de

MBSR-Verband
Muthesiusstr. 6
12163 Berlin

Mindfulness Based Stress Reduction, deutsch: Stressbewältigung durch Achtsamkeit, wurde von Jon Kabat-Zinn entwickelt und wird an vielen Kliniken und pädagogischen Instituten angeboten.

Institut für Achtsamkeit
Kirchstr. 45
50181 Bedburg
MBSR2002@aol.com
www.institut-fuer-achtsam-
keit.de

Eine Liste von MBSR-Lehrern und
Literatur zum Thema Achtsamkeit
und Meditation finden Sie beim
Arbor Verlag
Verlagsbüro Freiburg
Zechenweg 4
79111 Freiburg
info@arbor-verlag.de
www.arbor-Verlag.de

Meditationszentren in Deutschland

Benediktushof
Klosterstr. 10
97292 Holzkirchen
info@benediktushof-
holzkirchen.de
www.benediktushof-
holzkirchen.de

Buddha-Haus
Uttenbühl 5
87466 Oy-Mittelberg
info@buddha-haus.de
www.buddha-haus.de

Seminarhaus Engl
84339 Unterdietfurt
seminarhaus.engl
@t-online.de
www.seminarhaus-engl.de

Haus der Stille
Mühlenweg 20
21514 Roseburg
info@hausderstille.org
www.hausderstille.org

European Institute of Applied
Buddhism
Schaumburgweg 3
51545 Waldbröl
www.eiab.eu

Kurse mit Marie Mannschatz:
www.MarieMannschatz.de

Schweiz

Schweizerische Buddhis-
tische Union zu erreichen
über den Präsidenten
Dr. Martin Kalff
Hinterzünen 8
8702 Zollikon

Dachverband der Buddhisten und
buddhistischen Gemeinschaften
in der Schweiz.
Bietet u. a. Infos über Veranstal-
tungen und Kontakte zu Gruppen.
m.kalff@freesurf.ch
www.sbu.net

Meditationszentrum
Beatenberg
3802 Waldegg-
Beatenberg
info@karuna.ch
www.karuna.ch

MBSR Netzwerk Schweiz
Das Netzwerk bietet u. a.
Kurse an.
www.mbsr-verband.ch

Österreich:

Österreichische Buddhis-
tische Religionsgesellschaft

1010 Wien
Fleischmarkt 16

In dieser Gesellschaft vereinen
sich 23 Orden, Dharmagruppen
und buddhistische Institute aller
Richtungen des Buddhismus.
Bietet Infos und Kontakte.
www.buddhismus-austria.at
office@buddhismus-austria.
at

Buddhistisches Meditations-
Zentrum Scheibbs
Ginselberg 12
3270 Scheibbs/Neustift
bz.scheibbs@gmx.at
www.bzs.at

Ursache & Wirkung
Buddhistische Zeitschrift
Heinestr. 14/8
1020 Wien
info@ursache.at
www.ursache.at

Interessante und informative
Webseite zum Thema Acht-
samkeit und Achtsamkeits-
praxis:
www.achtsamleben.at

Register

A

Achtsamkeit 9, 45, 67, 108, 110 f., 134
- aufbauen 28
- schulen 11 f., 26
Akzeptanz 12, 128 ff., 134, 145 f.
Angst 12, 43 ff.
Ansprüche, hohe an sich selbst 23, 56, 108, 128
Ärger 68, 131, 139, 145
Atemachtsamkeit 85, 104, 106, 130
Atembewegung erspüren 27, 63 f., 66, 78
Ateminsel definieren 85
Atemübung bei Unruhe 71
Aversion 65 f., 68, 132, 134 f., 140 f., 143, 145, 147, 152
Aversionen benennen 140

B/D

Begeisterung 83 ff., 89 ff., 97
Begierde 65
Buddhistische Achtsamkeitspraxis 8
- Lehre 10 ff., 68, 110 f., 134
- Meditation 95
- Psychologie 44
Durchhaltekraft stärken 31

E/F

Energie entwickeln 99
Essmeditation 118
Freiheit 12 f.
Frieden gewinnen 12
Frustrationstoleranz erwerben 88

G/H

Gedanken loslassen 45 f., 67
Geduld 62, 67 ff., 74 f., 78, 80, 84
Gefühle benennen 32 f.
Geisteskraft aufbauen 27
Gleichgewicht, inneres 104 ff., 112
Großzügigkeit 109, 113 ff., 122 ff., 134, 155
Haltung, innere 31, 50
Herzenskräfte entwickeln 10
Hindernisse, fünf 9, 11 f., 13 f., 16, 27, 150

I/K

Innehalten, bewusstes 8, 14, 75 f., 100, 120
Kontemplation 14 f., 16 f., 20, 25, 28 f., 31, 36, 48 f., 69 f., 91 f., 95, 114, 116, 137 f., 151 f., 154
Kontemplativer Rückblick 14, 17, 19, 50, 52 f., 57, 58 f., 76 f., 80 f., 95 f., 100 f., 120 f., 124 f., 143 f., 147

Konzentration

Konzentration aufbauen 86
Körperempfindungen erspüren 14, 20, 25, 27, 29, 32, 37, 39, 40 f., 46, 48 f., 51, 55 f., 63, 69, 73 f., 75, 78, 85 f., 91 f., 106, 114 f., 119, 120, 124, 130, 137, 143, 146
Körpersignale ernst nehmen 46

L/M

Leiden 132
Liebe 12, 113
Loslassen 47, 65, 113, 122, 134
Mantra 9, 15, 16 ff., 19, 23, 25 f., 36, 49, 51, 54, 59, 62, 68, 75, 80 f., 84, 95 f., 101, 104, 106, 113, 120 f., 124 f., 128, 143, 145 f., 147, 150 ff.
Mantra kontemplieren 48 f., 69 f., 91 f., 114 f., 137 f.
Mantra-Kräfte bündeln 154 f.
Meditationshaltung 39, 53
Meditationszeit verlängern 38 f., 85
Meditative Achtsamkeitsübung 14, 16 f., 19, 21, 25, 26 f., 36, 37 f., 40 ff., 62, 63, 84, 85 f., 104 f., 106, 128 f., 130, 152
Meditieren 8, 14 ff., 20, 23 f., 26 f., 40 ff., 63, 85 f., 106, 130

Die Autorin

Marie Mannschatz hat mehr als zwei Jahrzehnte in freier Praxis als Gestalt- und Körpertherapeutin gearbeitet. Sie wurde in Kalifornien von Jack Kornfield zur Vipassanalehrerin ausgebildet, lebt in Schleswig-Holstein und unterrichtet in Europa und in den USA. In ihrer Lehrtätigkeit erkundet sie besonders die Verbindung von Alltag und Meditationspraxis. Ihre Bücher zur Einführung in die Meditation wurden in fünf Sprachen übersetzt.

www.mariemannschatz.de

Projektleitung: Ilona Daiker
Lektorat: Angela Hermann-Heene
Bildredaktion: Petra Ender
Layout: Independent Medien-Design, Horst Moser
Satz: Ludger Vorfeld, München
Herstellung: Susanne Mühldorfer
Repro: Longo AG, Bozen
Druck & Bindung: Printer, Trento

ISBN 978-3-8338-2379-4
1. Auflage 2012

Bildnachweis

Alamy: Seite 6; Corbis: Seite 102; Gettyimages: Seite 34, 82, 126, 148; Martina Konietzny: Autorenfoto Seite 159; Look: Seite 60; Horst Moser: Coverfotografie

Wichtiger Hinweis

Die Ratschläge und Übungen in diesem Buch sind von der Autorin und vom Verlag sorgfältig erwogen und geprüft. Dennoch kann eine Garantie nicht übernommen werden. Wenn Sie sich durch die Übungen von Emotionen und Erinnerungen überwältigt fühlen, brauchen Sie kompetente psychotherapeutische Hilfe. Bei ernsthafteren und/oder länger anhaltenden Beschwerden sollten Sie auf jeden Fall einen Arzt oder Psychotherapeuten Ihres Vertrauens zurate ziehen. Eine Haftung der Autorin und des Verlages für Personen-, Sach- und Vermögensschäden ist ausgeschlossen.

GRÄFE
UND
UNZER

Ein Unternehmen der
GANSKE VERLAGSGRUPPE

Unsere Garantie

Alle Informationen in diesem Ratgeber sind sorgfältig und gewissenhaft geprüft. Sollte dennoch einmal ein Fehler enthalten sein, schicken Sie uns das Produkt mit dem entsprechenden Hinweis an unseren Leserservice zurück. Wir tauschen Ihnen den GU-Ratgeber gegen einen anderen zum gleichen oder ähnlichen Thema um.

Liebe Leserin und lieber Leser,

wir freuen uns, dass Sie sich für ein GU-Buch entschieden haben. Mit Ihrem Kauf setzen Sie auf die Qualität, Kompetenz und Aktualität unserer Ratgeber. Dafür sagen wir Danke! Wir wollen als führender Ratgeberverlag noch besser werden. Daher ist uns Ihre Meinung wichtig. Bitte senden Sie uns Ihre Anregungen, Ihre Kritik oder Ihr Lob zu unseren Büchern. Haben Sie Fragen oder benötigen Sie weiteren Rat zum Thema? Wir freuen uns auf Ihre Nachricht!

Wir sind für Sie da!
Montag – Donnerstag: 8.00 – 18.00 Uhr;
Freitag: 8.00 – 16.00 Uhr
Tel.: 0180-5005054*
Fax: 0180-5012054*
*(0,14 €/Min. aus dem deutschen Festnetz/Mobilfunkpreise maximal 0,42 €/Min.)
E-Mail: leserservice@graefe-und-unzer.de

P.S.: Wollen Sie noch mehr Aktuelles von GU wissen, dann abonnieren Sie doch unseren kostenlosen GU-Online-Newsletter und/oder unsere kostenlosen Kundenmagazine.

GRÄFE UND UNZER VERLAG
Leserservice | Postfach 86 03 13 |
81630 München